AI時代を生き抜くということ

ChatGPTとリスキリング

パロアルトインサイトCEO
石角友愛
Tomoe Ishizumi

日経BP

はじめに

みなさんは「４ｔｏ４」という言葉をご存じでしょうか。

これは**「４年かけて学んだ知識で４年働く」**という意味です。この「４ｔｏ４」は、シリコンバレーをはじめとする米国で、ＡＩ時代のキャリア形成の核となる考え方だといわれています。

これまでは大学で４年学べば、そのまま40年後の定年まで働ける時代でした。いうなれば、「４ｔｏ40」でキャリアを終えることができた時代です。しかし、次々と新しい技術が生まれるＡＩ時代を生き抜くためには、４年に1度程度の学び直しが必要になる。それを端的に示した言葉が「４ｔｏ４」です。

２０２２年の末には、ＣｈａｔＧＰＴ（チャットＧＰＴ）の登場が大きな話題を呼びました。しかし、このような生成ＡＩの技術やサービスが登場するたびに「ＡＩに仕事を奪われる？」と右往左往するのはナンセンスです。そもそも、これからは常に自分をアップデートしていかなければ、一生、第一線で働き続けるのは難しいと、みなさんもうすうす気づいているのではないでしょうか。

このような時代に重要なのは、自らのスキルセットを見直し、そのスキルと相乗効果をもたらすような学び直しを行うこと、つまりリスキリングです。

日本政府は、5年間で1兆円の予算をリスキリング支援に投じることを決定しました。先に話したように、**継続的な学び直しはAI時代を生き抜く人たちにとって必須のプロセス**です。

しかし、リスキリングが重要であると言われても、

- **具体的に、今の自分に必要なスキルは何なのか**
- **どこで学べるのか、いくらくらいかかるのか、時間はどれくらい必要か**
- **挫折しないためには、何に気を付ければよいのか**
- **リスキリング後の人生はどのように変わるのか**

など、イメージしにくいことも多いと思います。何から手を付ければいいのかわからないので、どうしても人ごとになってしまったり後回しになったりするという話も聞きます。

そこで本書では、ＡＩ時代を生き抜くために必要なリスキリングについて順を追って解

説をしていきます。

キーワードは、ＡＩ時代に目指すべき**「π（パイ）型人材2・0」**と、リスキリングを進めるための**「LEARN（ラーン）＋Aステップ」**の２つです。

本書では、まずＡＩ時代になぜリスキリングが必須なのか、今後求められる「π型人材２・０」とはいったいどのような人材なのかについて説明します。次に、そうした人材になるために必要なリスキリングを紹介し、それらを踏まえた上で、リスキリングを成功に導く「ＬＥＡＲＮ＋Ａステップ」について詳しく解説します。

自分のスキルを見直し、どのような分野のスキルを学び直したらよいか。さらにその結果、どんなステップアップが見込めるかについては、実際にチャットＧＰＴを使って検証する方法も紹介します。

この本が、ＡＩ時代を生き抜くみなさんの一助になりますように。

AI時代を生き抜くということ
ChatGPTとリスキリング

目次

第6章 リスキリングステップ④

第1章

チャットGPT時代のリスキリング

チャットＧＰＴに仕事を奪われる？

米ＯｐｅｎＡＩが対話型生成ＡＩ（人工知能）「ＣｈａｔＧＰＴ（チャットＧＰＴ）」を公開して以来、日本でもチャットＧＰＴについてさまざまな媒体で特集が組まれました。ＩＴ系メディアや経済メディアはもちろんのこと、地上波のテレビ番組やファッション誌でも、チャットＧＰＴが教育や仕事に与える影響や、チャットＧＰＴ以降の働き方について識者が語るといった特集が目立ちました。

私の元にも多くの番組出演の依頼がきました。たしかにチャットＧＰＴに代表される生成ＡＩの技術進歩は大きなパラダイムシフトです。しかし、日本でのチャットＧＰＴについての見解を聞いたり、自分自身がその議論に参加したりしていると、違和感を覚えます。

例えば、私が出演した番組や取材されたメディアでは、必ずといっていいほど「チャットＧＰＴでなくなる職業はどんな職業か？　生き残る職業はどんな職業か？」と聞かれました。**なぜか日本では「チャットＧＰＴに仕事を奪われる」という前提で話が進むことが多い**のです。

これは、英オックスフォード大学のマイケル・Ａ・オズボーン博士が２０１３年に発表した「雇用の未来」という論文を目にしたときの反応と似ているような気がします。「今後

10～20年がたつ間に人類の仕事の約5割がＡＩないしは機械によって代替され、消滅する」との予測に対して、日本での報道はかなり偏ったものでした。

この論文が発表されたとき、米国では「人間がしなくてもよい仕事から解放される」という文脈で捉えられることが多かったのですが、日本では「人間の仕事がＡＩに奪われる」という文脈で危機感をあおる論調がほとんどでした。

今回のチャットＧＰＴに対する日本メディアの過熱ぶりにも、同様のことを感じます。「チャットＧＰＴでなくなる職業がある」というあおり方に対して、ワイドショー的な感覚で接するのは構いませんが、その立ち位置で今回の技術革新を判断するのは危険です。そういう見方をすることが、今後の職業人生を危うくすると言っても過言ではありません。

なぜなら、この問題の本質は、**「どんな職業が残るのか。どんな職業がなくなるのか」**ではなく、**「どんな人が（良い条件で）働き続けられるのか。どんな人が働き続けられなくなるのか」**だからです。

では、この「チャットＧＰＴ時代」に、私たちはどのように自分をアップデートしていけばよいのでしょうか。そのことについて説明する前に、チャットＧＰＴの登場で米国では、何が変わったのか、変わらなかったのかについてお話ししたいと思います。

「リスキリングしないと生き残れない」は当たり前

米国でも、２０２３年の年明けはチャットＧＰＴの話題で持ちきりでした。当時のシリコンバレーでは、大げさな話ではなく、会話の99%がチャットＧＰＴの話題だったといえます。年始の挨拶もそこそこに、「チャットＧＰＴで、今後何ができるようになるのか」「自分たちの仕事にどんな影響を与えるのか」といった議論がそこかしこでされていました。

もちろん、ＩＴ企業はすぐにチャットＧＰＴを仕事に生かし始めました。適切な指示（プロンプト）さえ与えれば、それなりに精度の高いプログラミングができるとわかったこともあり、とくにエンジニア職の人たちの間では、いかにチャットＧＰＴを使いこなして生産性を上げるかが火急の課題になりました。

それと同じタイミングで、２０２２年から続いていたＧＡＦＡＭ（グーグル、アマゾン、フェイスブック＝現メタ、アップル、マイクロソフト）の大量レイオフが進みました。これまで「勝ち組」とされていた、年収３０００万円クラスのエンジニアたちが次々と辞めさせられる事態を目の当たりにしました。

通常、シリコンバレーのレイオフは期限付きの解雇です。例えば「今回のレイオフは３

月末までに行います」とアナウンスされ、それまでに解雇を言い渡されなかった場合、半年なり1年なりは問題がない限り継続して勤務できます。少なくとも、次のレイオフ期間までは現在の仕事を続けられるという見通しが立ちます。しかし最近のレイオフは、ずるずると従業員のクビを切り続ける状態が続いています。

当然、人員整理はエンジニアたちのモチベーションを下げるので、本来は避けるべきです。しかし今回に限っては、「それはわかっているけれど、最適な人員数はどのラインなのか」を見極めようと、経営陣がギリギリまでそのバランスを見ているように感じます。

実際、これまで年収３０００万円のエンジニア３人で回していた仕事を、チャットＧＰＴに指示できるエンジニア１人で十分回せるのではないかという試算が行われています。シリコンバレーで一番有名なアクセラレーター（起業家育成組織）であるＹ Ｃｏｍｂｉｎａｔｏｒの創業者ポール・グレアム氏は、２０２３年６月に自身のツイッター（現Ｘ）で、「あるプログラマーと話したが、彼はＡＩコーディング・ツールのおかげで生産性が10倍ほど上がったと言っていた。このような生産性が当たり前になれば、80人のプログラマーが必要だったことが８人のプログラマーでできるようになる」と述べています。

これだけの事実を見ると、「米国でも、チャットＧＰＴに仕事を奪われているではないか」

と思われるかもしれません。しかし、すでにシリコンバレーでは「あちらでもこちらでもチャットＧＰＴの話題」という時期は終わっています。というのも、チャットＧＰＴを業務で使いこなすのがもう当たり前になってきていて、この新しい技術を使った場合、自分の仕事はどこまで効率化できるか、効率化した時間で自分は何を提供できるかといった実践のフェーズに移っているからです。

シリコンバレーでは「チャットＧＰＴに代替されない仕事は何？　どの職種だったら一生食べていける？」といった議論は最初からされません。なぜなら、**どんな仕事に就いていたとしても、新しい技術を学ぶことができない人は、その職を続けられない**からです。

大学時代に学んだことや、新人の頃に教わったことだけで、40年以上に及ぶ仕事人生を全うすることはそもそも無理。常にリスキリングしていかなければ、自分の居場所がなくなるということを、誰もが知っています。そのため、社会人になってからＭＢＡ（経営学修士）を取得する人も多いし、オンラインで受講できるプログラミングの講座などを取る人も大勢います。もともと**「定期的にリスキリングしないと、これからの時代は生き残れない」**と考える人が多かったので、現在のチャットＧＰＴのような革新的な出来事も、すぐ対応しなくてはいけない変化として、すんなり取り込まれていったのでしょう。

「4 to 40」から「4 to 4」の時代へ

「人生100年時代」について書かれた、2016年発行のベストセラー『LIFE SHIFT(ライフ・シフト)』(東洋経済新報社)の著者リンダ・グラットン氏は、2022年に出版した『リデザイン・ワーク 新しい働き方』(同)で、これからの私たちに必要な新しい人生設計について書いています。

グラットン氏は、これからの私たちの人生は**「教育→仕事→引退の3ステージの人生から、マルチステージの人生になる」**といいます。「3ステージの人生から、マルチステージの人生」を言い換えると、**「『4 to 40』のキャリアの時代が終わり、『4 to 4』のキャリア時代に突入する」**ともいえます。

「4 to 40」のキャリアとは、高度経済成長以降、長く続いてきた**「大学で4年間教育を受けて40年働く。そして60歳で引退」**のモデルです。少子化で財源の確保が難しくなっているほとんどの先進国では、そもそも60歳で引退という人生プラン自体が破綻し始めています。どの国の政府も「定年後も、いかに働き続けてもらうか」を議論しています。それは日本も同様です。

図1-1　フレームワーク：マルチステージ化する人生

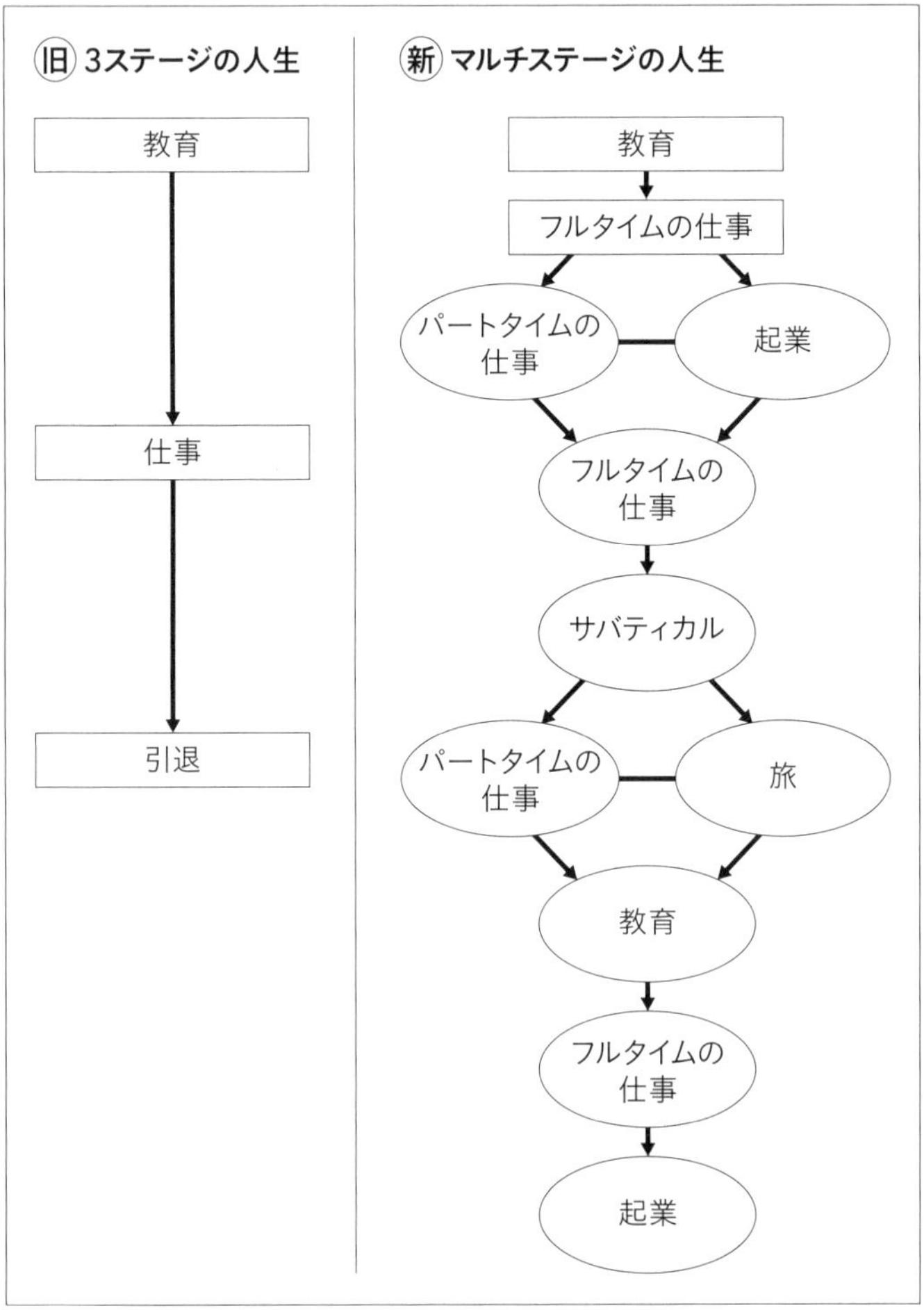

『リデザイン・ワーク　新しい働き方』（東洋経済新報社）で著者のリンダ・グラットン氏が提示した、（旧）3ステージの人生と、（新）マルチステージの人生との比較（出典：同書）

一方の「４ｔｏ４」のキャリアとは、**「4年間学んだ知識で4年働く」**といったモデルです。学び直しをしてスキルアップし、また働く。

２０２３年9～10月号のハーバード・ビジネス・レビューでは、偶然にも「Reskilling in the age of AI（AI時代のリスキリング）」という記事が特集されていました。そこには「スキルの平均的な半減期は今や5年以下であり、一部の技術分野では2年半にまで短縮されている」と書かれていました。

日本でも40代、50代になって大学や大学院で学ぶ人が増えてきましたが、米国ではこれらが当たり前になってきています。とくにオンラインの大学院では、年齢に関係なく幅広い人たちが学んでいます。この「学び直し」は、学校に通ってMBAを取るといったものだけではありません。サバティカル休暇で旅に出て知見を広めたり、副業をして新しいスキルを身に付けたりする人もいます。実に幅広い視野で取り組まれています。

英語では「レレバント（relevant）でいる」という言葉がよく使われます。レレバントとは直訳すると「関係性がある」という意味で、**「常に市場にとって自分の関連性が高い状態でいる」**といったニュアンスです。その業界にとって、どれだけ求められる人材でい続けられるか。そのためにも、学び続けることが必須だと考えられているのです。

学び続けることが働き続けることにつながる

この「４ｔｏ４」の話をすると、「米国ではそうかもしれないけれど、日本ではそこまで学びの重要性を感じない」と言う人もいます。たしかに、いつレイオフされるかわからない環境下で働く米国の人たちと、基本的には雇用が守られている日本企業で働く人たちとでは、キャリアに対する考え方は多少異なるかもしれません。

しかし、面白いのは、グラットン氏が言う「マルチステージ化した人たち」を、日本の企業も支えようとし始めていることです。

例えば、日本でも副業を解禁したり、推進したりする企業が増えてきました。これは、40年間ずっと同じ会社の中で働く**スーパージェネラリストを育てることが、会社にとってベストではない**と考える経営陣が増えた結果ではないでしょうか。

また、ローンディール（東京・港）のような大企業からベンチャー企業に出向させたり、レンタル移籍を仲介する企業を使って、全く新しい経験をさせたりするような企業も増えています。グラットン氏の書籍の中では「経験を積んで戻ってきた従業員は、会社にとって重要なアセットになる」と書かれていますが、同じような考え方をする経営者が日本にも増えてきたということでしょう。

米国のリスキリング市場は３７００億ドルと推定され、世界経済フォーラムと米ボストン・コンサルティング・グループによれば、**今後10年で１３７万人の労働者が現在の職から離れ、これらの労働者はリスキリングによって新しいスキルを手に入れることで、より高い給料の仕事に就ける可能性があると指摘されています。**なお、米国におけるリスキリングのコストは１人当たり約２万４８００ドルで、社外から人を採用するよりコストを６分の１程度に抑えられるとしています。この試算にはさまざまな意見がありますが、リスキリングのために社内投資したほうが、社外から採用するより圧倒的に安いという点では一致しています。

例えば、米ウォルマートは10億ドル、米マクドナルドは過去8年で1億６５００万ドルを従業員のスキルアップに投資し、７万２０００人を成長志向に向けたとハーバード・ビジネス・レビュー（ＨＢＲ）の論文で紹介されています。米国の企業では、Ｒ＆Ｄ（研究開発）ではなく、Ｌ＆Ｄ（Learning and Development＝学習開発）を専門とした部署がつくられつつあります。表面的なリスキリングプログラムを導入するだけではなく、どのような人事の仕組みをつくれば、従業員が「成長志向」を持ち、幅広く学び続けられる企業文化を醸成できるかを考えているのです。

米国だけではありません。例えばドイツでも「失業した人に対して支援する」という考え方から、**「失業する前にリスキリングする」**といった考え方にシフトするよう政府が指導しています。

一例として、フォルクスワーゲンではクルマの電気自動車（ＥＶ）化によって新たに生まれるであろう仕事をリストアップし、その仕事に就くためにはどんなスキルを学べばよいか従業員に公表しています。ソフトウエアエンジニアが足りなくなるのが目に見えていることもあり、とくにＥＶ化で不要になる職種に就いている人たちを中心に、リスキリングを進めているのだそうです。

日本でも遅ればせながら、リスキリングの重要性が主張されるようになりました。政府がこの５年で１兆円のリスキリング支援の方針を打ち出したのも、**学び直しによって「働き続けることができる人材」を増やしたい**意向があるからです。

私が先日対談した、味の素の副社長兼チーフイノベーションオフィサー・白神浩氏の話によると、社内にビジネスＤＸ（デジタルトランスフォーメーション）人材育成コースを設けたところ、開始からたった４年で、従業員の８割が受講を完了したということです。驚くべきことに、これを達成するための特別なインセンティブは存在しませんでした。彼らは人材育成を重視し、自発性を評価する人事システムをつくり、その結果従業員のリスキリングを達成したのです。

このように、**「一生学び続ける。さもなければ働き続けることはできない」**といった考え方は、この数年でシリコンバレー以外でも常識になってきました。

リスキリングの機会がない会社は危ない？

リスキリングが重要だと考えているのは、経営サイドに限った話ではありません。

先日、企業のクチコミが集まる日本最大級のサイト「ＯｐｅｎＷｏｒｋ（オープンワーク）」を運営するオープンワークの大澤陽樹社長と話す機会がありました。大澤社長は「『ＡＩやチャットＧＰＴによって**なくなる職種、なくならない職種』といった議論がされるけれど、それはナンセンス**」と指摘します。しかし、その一方で「『ＡＩやチャットＧＰＴによって**なくなる企業、なくならない企業』は、ある**」といいます。

そのひとつの根拠として、約３４００社の上場企業に対する２０１９年から２０２１年のクチコミのうち、評価点が上位５％の企業と下位５％の企業の頻出ワードを抽出した資料を見せてくださいました。クチコミで高い評価を受けた企業に頻出する言葉は、「フラット」「オープン」「前向き」「支援」「個々人」「バリュー」などの言葉だったそうです。一方、悪いクチコミをされる会社で顕著だったのは、「一族経営」「人手不足」「昭和」「イエスマン」「ノルマ」「ワンマン」といった古い体質を表す言葉の多さだったとのこと。中には「電話」や「書類」という言葉もあり、これらをクチコミの原文に当たって精査すると「今どき電

図1-2　オープンワークが約3400社を対象に調べた「上場企業社員クチコミワードクラウド」（2022年）

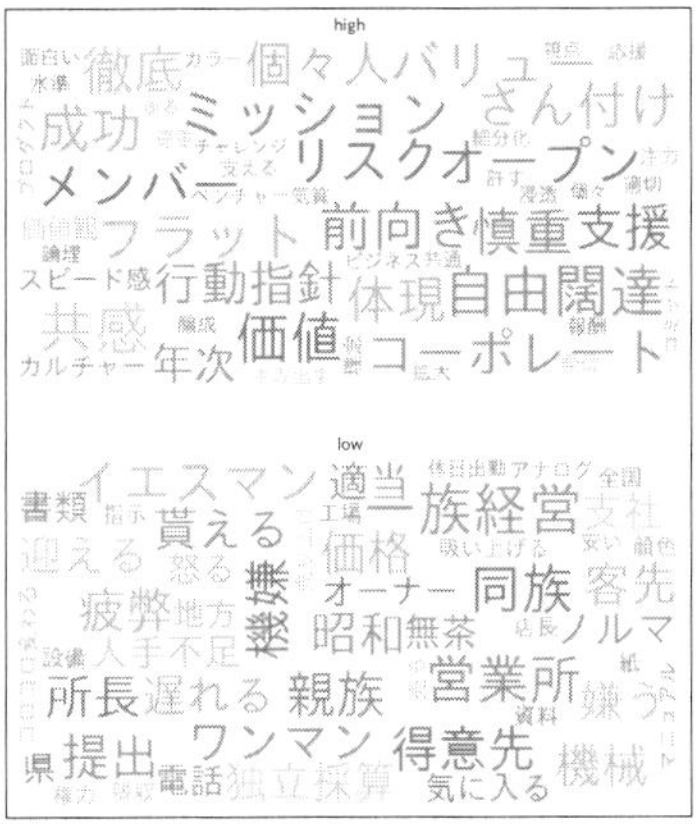

上は評価点が上位5%企業の頻出ワード、下は下位5%企業の頻出ワードを表している

話対応で業務が進まない」「報告書や書類が多い」といったクチコミが多いそうです。

大澤社長は「若い従業員たちは、自分が成長できる会社かどうかをシビアに検討している」と分析しています。そもそも今の20代は、新卒で入社した会社で一生働き続けようとは思っていません。何らかの技術や能力を磨ける環境でなければ、就職したくないと考えるのは必然でしょう。

大澤社長が「ＡＩの台頭によってある特定の職種がなくなるのではなく、同じ職種でも選ばれない会社がある」と提言するのもよくわかります。**学べる環境がない企業は、（まずは若い世代から）選ばれなくなり、存続が難しくなる**というわけです。

なぜ「リスキリング」が人ごとになってしまうのか？

ここまでリスキリングの重要性について説明してきました。リスキリングは**世界中で、また生産年齢の全世代にとって避けて通れない重要課題**ということがわかったと思います。

しかし、日本ではこの「リスキリング」という言葉がトレンドワードのように使われていることに不安を感じます。そして、リスキリングという言葉を聞くと、反射的に「面倒だなあ。できればやりたくないなあ」「こんなに忙しいのに、どうして学び直しなんかしなくてはならないの？」と感じる風潮になっていることにも危機感を覚えます。

海外では「自分のために行う」リスキリングが、なぜ日本では「人にやらされる」面倒なことになっているのでしょうか。

その理由は、日本で「リスキリングをする」といった場合、その主語が企業であることが多いからだと私は考えています。

実際のところ、リスキリングとは、企業が自社の従業員に必要なスキルを、人材の再教育によって確保する意味で使われることが多くなっています。それは、リスキリング支援の1兆円が、主に企業に支払われるという構造のせいもあるでしょう。

もちろん、これまで述べてきたように、従業員のリスキリングは企業にとって確実に重要になります。しかし「企業が従業員を学び直しさせる」という概念だけが先行すると、従業員視点が抜け落ちます。

リスキリングの結果、従業員にはどのようなメリットが生まれるのか、キャリアはどうなるのか、給料は上がるのか、といったことが見えにくい。このような、リスキリングした人材を評価するシステムや制度が整備されていないから、リスキリングが人ごとになってしまうのです。

リスキリングを人ごとだと考えると、せっかくの学び直しの機会を逃してしまいます。つまり、あなた自身のキャリアへの投資機会をみすみす逃すことになってしまうのです。

余談ですが、米国では自分が学び直しする際に、「私は今、リスキリングしている」と表現するようなことはありません。もっと具体的に「私は今、プログラミングのこの言語を習っている」「私は今、ビジネススクールで会計について学んでいる」といった言い方をします。リスキリングという言葉が、日本ではいかに曖昧に捉えられているかが、わかるのではないでしょうか。

リスキリングにはさまざまなレベルがある

リスキリングという言葉自体が曖昧に使われているため、その言葉から抱くリスキリングのイメージも人それぞれです。「リスキリングする」と聞くと、大学院に入り直さなくてはならない、資格を取らなきゃいけない、といった固定観念にとらわれ、仕事をしながらそんなことは無理だと考えてしまう人も多いと思います。

ですがリスキリングというのは、何も学校に通ったり資格を取ったりすることだけではありません。チャットGPTのようなAIツールを使いこなせるようになるだけでも、立派なリスキリングです。むしろ大切なのは、必要なタイミングで学び直しができる人とできない人とでは、今後の給与水準や仕事の環境が大きく変わってくるという点でしょう。

ひとことでリスキリングと言っても、さまざまなレベル感があります。それをわかりやすくするために考えたのが、第6章で紹介する「リスキリング・オプション・マトリックス」です（155ページ、**図6－1**）。このマトリックスの縦軸は、手に入れたいのが具体的なスキルなのか、それとも汎用性の高いスキルなのかについて示しています。一方の横軸は、そのスキルを習得するのにかかる時間や費用、労力を含むコストを表しています。

例えば、ピンポイントでデータサイエンスのスキルを手に入れたいと思ったら、大学院に行かなくても学ぶことはできます。多少お金はかかりますが、短期集中型の「ブートキャンプ系」のリスキリングによって、1カ月から半年程度で習得することも可能です。もっと幅広い汎用性の高いスキルを手に入れたい場合、「教養系」のリスキリングであればYouTubeや書籍を使って、お手軽に学ぶことも考えられます。

また、チャットGPTのようなAIツールを使いこなせるようになりたい場合は、左上になります。このゾーンが時間もコストも比較的少なくて済む「ツール系」のリスキリングであると気づくだけで、視野が広がるのではないでしょうか。まずは、リスキリングに対する抽象的な概念をより具体化して、解像度を上げることから始めましょう。

この本で私がみなさんにお伝えしたいのは、**企業視点ではなく実際に働く自分たちの目線で、「一生稼げる力を得るためには、何をどのように学んでいけばよいのか」**です。

リスキリングの必要性に、少しだけ早くさらされた米国、とりわけシリコンバレーの働き手たちに何が起こっているのか。今後、日本で起こり得る働き方の変化はどのようなものになりそうか。そして、日本で働く人たちがそれにどう対処すればよいかについて、提案ができればと考えています。

「学びのプロ」になる

私が物心ついてからの時間を振り返っただけでも、パソコンが普及し、インターネットで情報を検索できるようになり、今では誰もがスマートフォンを持つようになりました。チャットＧＰＴの登場は、これらに匹敵するような大きな変化かもしれません。しかし、今後もこういったパラダイムシフトは次々と起こるでしょう。

パソコンが登場したから仕事がなくなる。
ＡＩが登場したから仕事がなくなる。
チャットＧＰＴが登場したから仕事がなくなる……。

そんなふうに不安に襲われていると、この先、新しい技術が登場するたびに右往左往することになります。

変化の激しい時代に重要なのは、**どんな時代の変化にも対応できる「学びのプロ」にな**

ることです。それは前述した「4to4」を繰り返し、効果的に実行できる人間になることだといえるでしょう。

誤解してほしくないのですが、学びのプロとは時代の移り変わりに応じて、何か資格を取りそろえるようなことではありません。むしろ、ハンターのように次々と資格を取得して安心しているような人こそ、これからの時代に取り残される恐れがあります。なぜなら、**キャリアにおける学びは足し算ではなく、掛け算的な効果をもたらすものである必要がある**からです。

何に着目して学べばよいのか。

自分にとって学ぶべきスキルは何なのか。

ここから先は具体的に、個人個人がどのように「自分に合った学び直し」を探し、実行すべきかについてお伝えしたいと思います。キーワードは**「π（パイ）型人材2・0」**と**「LEARN+Aステップ」**の2つ。詳しくは第2章で説明します。

【第1章の参考資料】

1: The Future of Employment（Carl Benedikt Frey and Michael A. Osborne）
https://www.oxfordmartin.ox.ac.uk/downloads/academic/The_Future_of_Employment.pdf

2: Paul Graham氏のツイッター（現X）
https://twitter.com/paulg/status/1668266280187580418?s=20

3: Reskilling in the Age of AI（Harvard Business Review）
https://hbr.org/2023/09/reskilling-in-the-age-of-ai

4: Who Pays for the Reskilling Revolution?（World Economic Forum）
https://www.weforum.org/press/2019/01/who-pays-for-the-reskilling-revolution-investment-to-safeguard-america-s-at-risk-workers-likely-to-cost-government-29-billion/

5: Investors are paying more attention—and money—to upskilling（FORTUNE）
https://fortune.com/education/articles/investors-are-paying-more-attention-and-money-to-upskilling/

6: Towards a Reskilling Revolution　A Future of Jobs for All（World Economic Forum）
https://www3.weforum.org/docs/WEF_FOW_Reskilling_Revolution.pdf

7: Build a Strong Learning Culture on Your Team（Harvard Business Review）
https://hbr.org/2023/06/build-a-strong-learning-culture-on-your-team

8: Wolfsburg plant: Volkswagen will train 22,000 production employees for e-mobility by 2025（Volkswagen Newsroom）
https://www.volkswagen-newsroom.com/en/press-releases/wolfsburg-plant-volkswagen-will-train-22000-production-employees-for-e-mobility-by-2025-15480

9:「味の素が目指す社会変革　『食のDX』で細分化するニーズに対応」（日経クロストレンド）
https://xtrend.nikkei.com/atcl/contents/18/00509/00042/

第2章

今求められる「π（パイ）型人材2.0」

これまで求められた人材像とこれから求められる人材像

「π（パイ）型人材」という言葉を聞いたことがあるでしょうか？ これから求められる人材像という文脈で数年前から時々耳にするようになった言葉です。

「π型人材」という言葉が登場する以前、ビジネスの世界で優秀といわれる人は、「I型人材」「T型人材」「H型人材」といったタイプに分けて呼ばれることがありました。

まず**「I型人材」**というのは、タテに一直線に伸びる形のように、ひとつの分野に対して深い専門知識を持つ人材のことです。「スペシャリスト」という呼ばれ方もします。

「T型人材」とは、深く専門的な知識に加え、T字の横のラインが示すように、幅広い視野を持っている人材を指します。専門性と実務能力を兼ね備えた、バランスの取れた働き方ができる人といえばイメージしやすいでしょうか。

「H型人材」については、人によって定義が異なっているようですが、ひとつの専門分野を持ちながら、自分とは別の専門分野を持った人との橋渡しや、連係ができる人材を指している場合が多いようです。もともと自らが「I型人材」でありながら、別のジャンルの「I

図2-1　I型人材の特徴

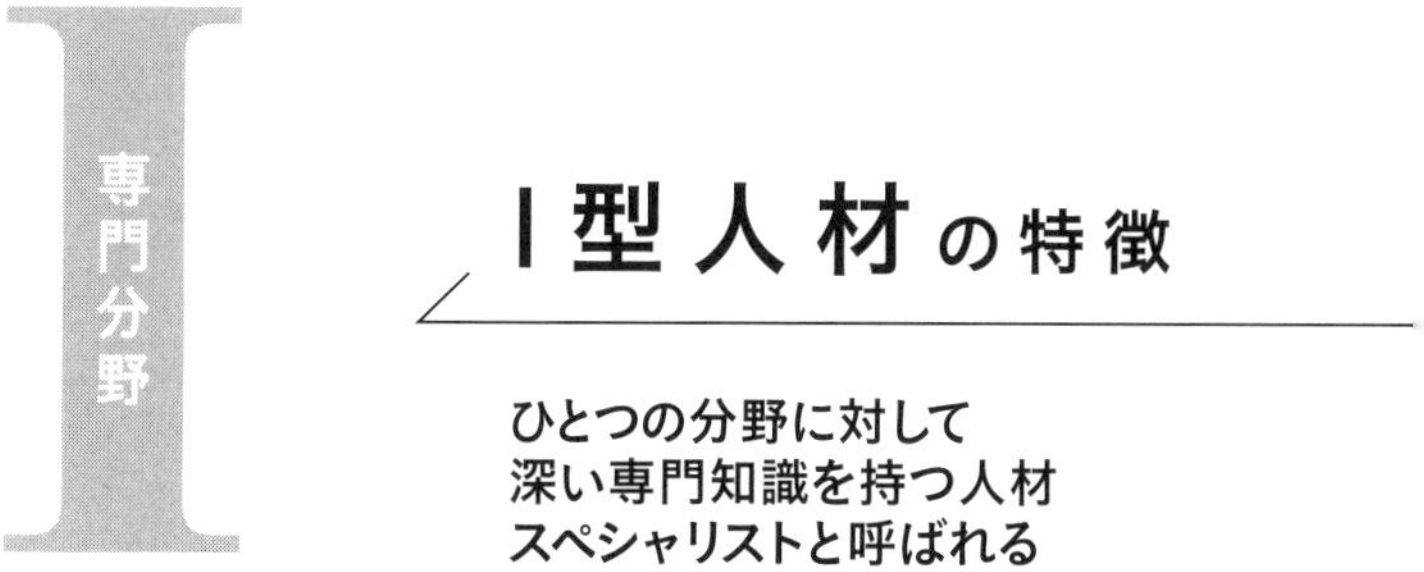

「I型人材」とは、ある分野について専門的で深い知識やスキルを持つ人材

図2-2　T型人材の特徴

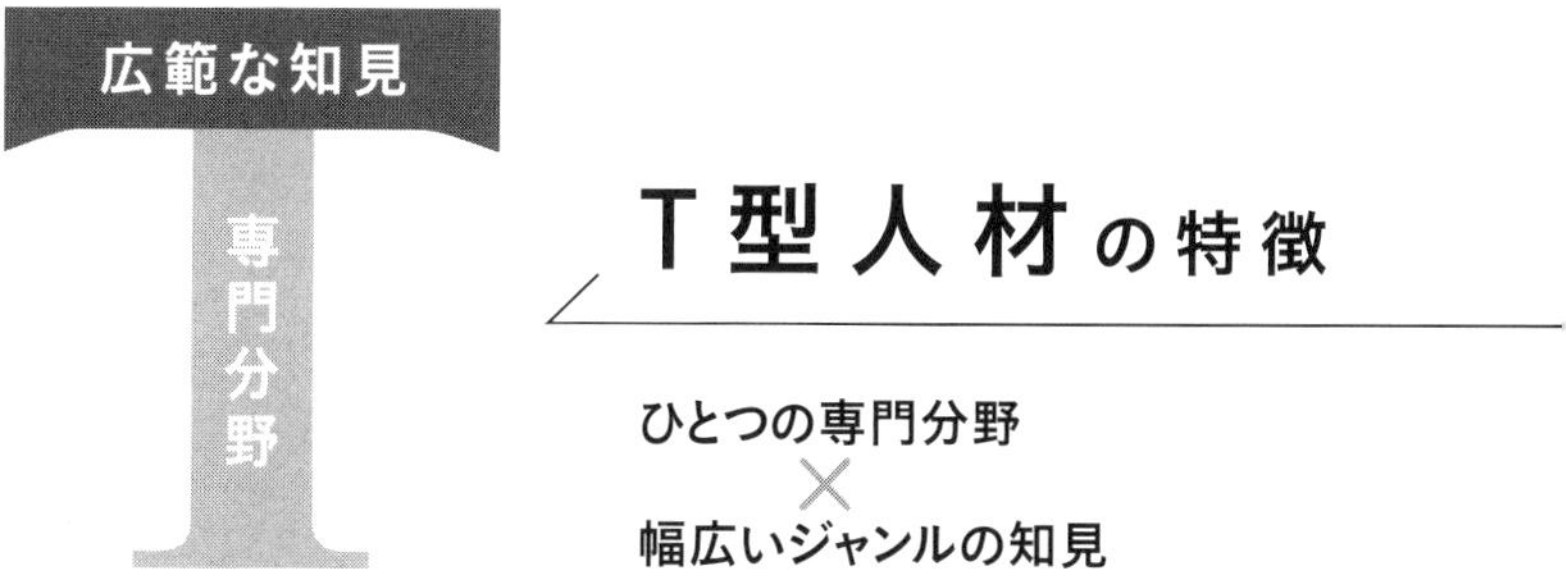

「T型人材」とは、自分の強みである専門的なスキルを持ち、さらに実務能力にもたけているなど幅広いジャンルの知見を持つ人材

図2-3　H型人材の特徴

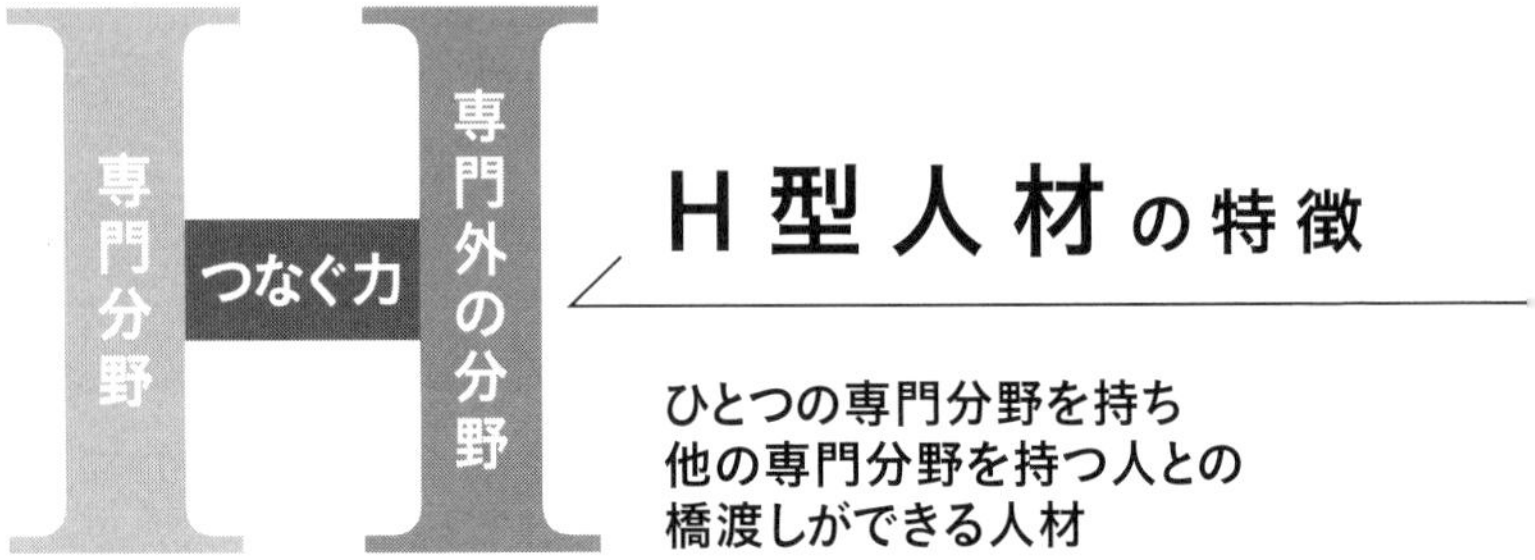

「H型人材」とは、専門的な自分のスキルを、それとは別の専門的なスキルを持つ人とつなげて、相乗効果を発揮できるような人材

型人材」とつながることができる人といったニュアンスです。「越境人材」と呼ばれることもあります。

　これら3つの人材像に対して**「π型人材」**とは、「ダブルメジャー」とも呼ばれ、自分の強みとなる専門分野を2つ（以上）持っている人のことを指します。単に専門分野が2つあるだけでは「II」になってしまいますが、それをつなぐ広い視野があることがポイントです。つまり「T型人材」が専門分野を2つ備えているようなイメージで「π」と表現されています。「T型人材」や「H型人材」以上に希少で、企業に重宝される人材といえますし、転職市場でも高く評価される人材です。

図2-4　π型人材の特徴

「π型人材」のイメージ。2つ以上の専門的なスキルを持ち、それをつないで相乗効果を発揮できる幅広い知見を持っている人材

リスキリングの本質は、「π型人材」になるための学びであると考えます。

そして、変化の激しいAI時代においては、この**π型人材の考え方をさらに進化させた「π型人材2・0」こそが、求められる人材像**だと考えています。

「π型人材」になりましょうと言うだけでは曖昧ですし、「自分には到底無理だ」と考える人もいるかもしれません。

ですから、ここで私が考える「π型人材」と、その進化系ともいえる「π型人材2・0」の特徴について、もう少し詳しく解説していきたいと思います。この「π型人材2・0」こそが、リスキリングに成功した自分が到達すべき人材像になります。

π型人材を構成する3つのスキル

図2-5　π型人材のドメインスキル

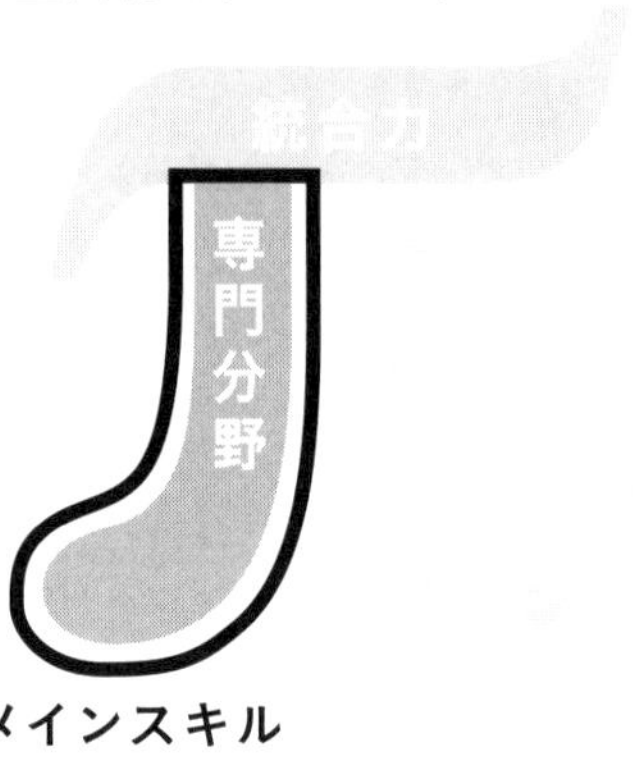

π型人材2.0に向けて、自分の専門分野である「ドメインスキル」を考えることが第一歩

まず、πの文字に向かって左脚を自分が現在持っている専門分野のスキルと考えてみましょう。これを本書では**「ドメインスキル」**と呼びます。例えば営業部にいたなら営業スキル。マーケティング部にいた人であればマーケティングスキル、エンジニアであればプログラミングスキルなどです。

企業で何年か働いたことがある人なら、何らかのスキルが身に付いているはずです。「自分には何のスキルもない」と感じているなら、第4章で紹介するスキルの棚卸しのワークをやってみるといいでしょう。

いずれにしても、これまで培ってきたド

図2-6　π型人材のスパイクスキル

ドメインスキルを認識したら、次はリスキリングで新たに習得する「スパイクスキル」を見つける。ポイントは、ドメインスキルと相乗効果を生むスキルを選ぶこと

メインスキルが**あなたのキャリアにおける最初の柱**になります。このスキルが一体何に当たるのかを棚卸しして整理することから、リスキリングはスタートします。リスキリングというと、今まで培ってきた経験を捨てて、新しいことを学ばなくてはいけないと思っている人がいるかもしれません。そうではなく、あくまで今までのドメインスキルを軸にして、新たな2本目の柱をつくるといったイメージなのです。

そして、πの右脚となるのが、まさにリスキリングで獲得する新しいスキルです。これを本書では**「スパイク（とがった）スキル」**といいます。ここで重要なのが、**スパイクスキルはドメインスキルと相乗効果を**

もたらすスキルを選ぶことです。

前述した通り、リスキリングは足し算で考えるのではなく、掛け算で考えるべきです。何の戦略もなしに資格を取り続けるのは足し算の発想です。しかし、現在持っているドメインスキルに掛け合わせられるスパイクスキルを選べば、同じ時間をかけても、リスキリング後の効果が２倍、３倍になります。例えば今ならばチャットＧＰＴを使いこなす技術も、ドメインとの掛け合わせで効果を発揮するスパイクスキルに相当するでしょう。

では、どのようなスパイクスキルを選べばいいのか、自分のドメインスキルと相乗効果があるのはどんなスキルなのかについては、第５章で詳しく解説します。

そして、もともと持っていたドメインスキルと、リスキリングによって加わったスパイクスキルを統合する力がπの字の横軸となります。この横軸を本書では**「マスタースキル」**と呼び、これをドメインスキルとスパイクスキルの「統合力」と定義したいと思います。２本の脚を獲得するだけでは不十分で、この２つを統合する横軸が重要なのです。

日本でも話題になったクレイトン・クリステンセン教授らの著書『イノベーションのＤＮＡ　破壊的イノベータの５つのスキル』（翔泳社）で、クリステンセン教授らはイノベーションに必要なスキルのひとつに「Associative Thinking」があると定義づけました。日

図2-7　π型人材のマスタースキル

ドメインスキルとスパイクスキルを身に付けた後、相乗効果をもたらすよう2つを統合する力が求められる。それが「マスタースキル」

本語に訳しにくい言葉ですが、同書では「関連づける力」と訳されています（こちらについては第8章で詳しく説明します）。

みなさんもご存じの通り、イノベーションは全くのゼロから生まれるものではなく、何かと何かを掛け合わせて生まれることがほとんどです。異なる知識や異なる分野、異なる技術の点と点を結ぶことで、新しい価値が創造されます。この原理と同じように、π型人材はドメインスキルとスパイクスキルを、πの横軸であるマスタースキルで関連づけ、統合できる人材といえます。

ITスキルをドメインとして生まれたイノベーションの典型的な例は、米アップルの故スティーブ・ジョブズ氏が世に送り出したパソコン「Macintosh（マッキントッシュ、Ｍａｃ）」がわかりやすいと思います。

Ｍａｃで採用された美しいフォントは、ジョブズ氏が大学をドロップアウトした後に学んだカリグラフィー（文字を美しく見せる手法）のたまものだったといわれています。

後にジョブズ氏は、２００５年にスタンフォード大学の卒業式で行った有名なスピーチの中で、「もし、大学をドロップアウトしなかったら、カリグラフィーのクラスに参加することもなく、パーソナルコンピューターが今あるような美しい書体を持つことはなかったでしょう」と打ち明けています。

これは、ジョブズ氏が持っていた電子工学や電子工作のドメインスキル（専門スキル）と、カリグラフィーというスパイクスキル（とがった新しいスキル）が、マスタースキル（統合力）によって結合されたことによるイノベーションといえるでしょう。

イノベーションというと、大それた話に思うかもしれません。しかし、**ひとりの人間が自分の持っている力（ドメイン）と力（スパイク）をつなぎ合わせて（マスター）新しい価値を提供すること**、つまり求められる人材になることと考え方は同じです。

このマスタースキルをどのように磨いていくのかについては、第8章で詳しく解説します。

π型人材からπ型人材2・0に進化する

さらに、このπ型人材がどのように「π型人材2・0」に進化していくのかについて説明しましょう。

リスキリングでスパイクスキルを手に入れた人は、その先、ドメインスキルとスパイクスキルを掛け合わせて仕事をしていくことになります。すると、数年たった頃には、そのスパイクスキルもずいぶん磨かれて、自身のドメインスキルといえるくらいの力強さを持つことになるでしょう。つまり、スパイクスキルがドメインスキルへと吸収されていくイメージです。そうなると、ドメインスキル自体が太く、強くなっていき、これまでのドメインとは異なる質のドメインスキルとなります。

例えばマーケティングというドメインスキルを持っていた人が、データ分析というスパイクスキルを取得し、4年間データドリブンなデジタルマーケターとして活躍した後に、アナリストという新しいドメインスキルを手に入れる、といった具合です。この場合、もともと身に付けていたマーケティングというドメインスキルは、どうなるのかというと、上書きされて消えるのではなく、マスタースキルへと統合されていくと考えています。

図2-8　成長するドメインスキルのイメージ

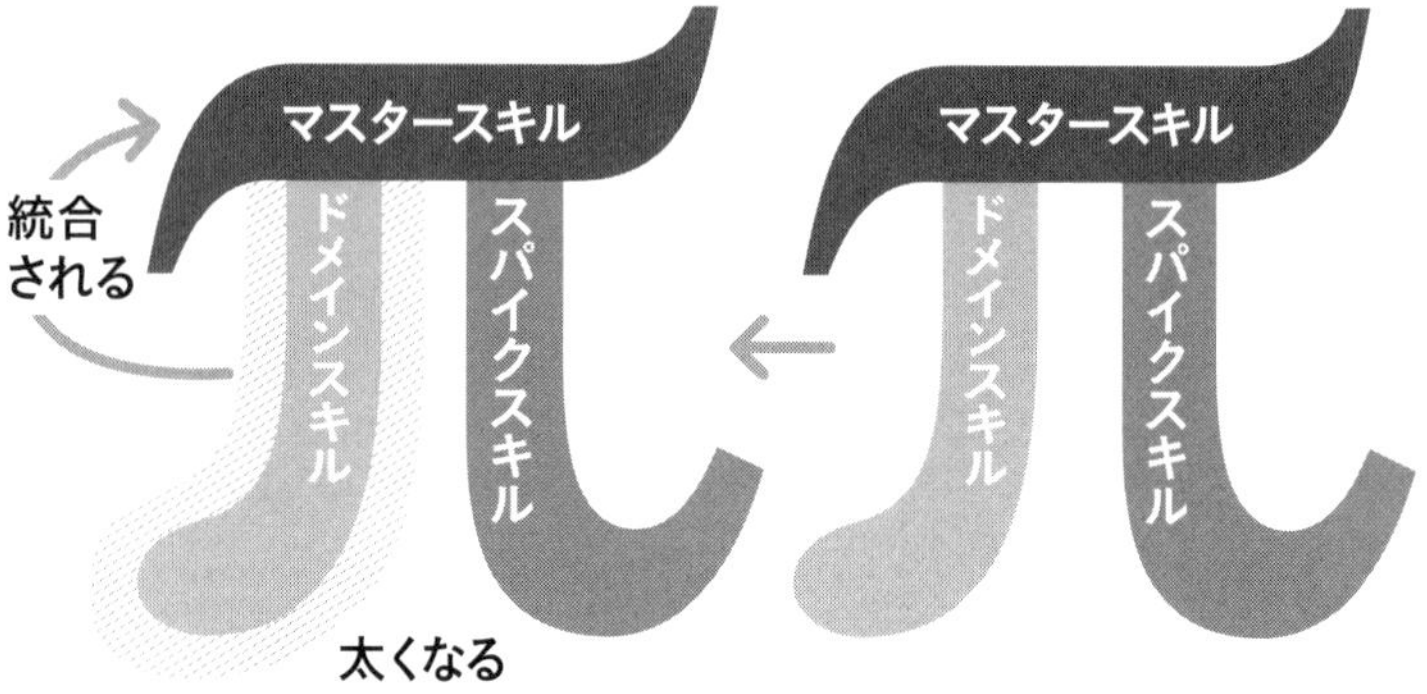

リスキリングで習得したスパイクスキルは使い続けることで磨かれ、やがてドメインスキルのひとつとして吸収される。同時に、もともと持っていたドメインスキルもマスタースキルに取り込まれ、統合力をバージョンアップさせていく

たくさんのドメインスキルとスパイクスキルを同時に持つことができるのも、π型人材２・０の特徴です。

新しいスパイクスキルを習得すればするほど、ドメインスキルが増えて太くなり、そのドメインスキルがマスタースキルを強化し、異なるスキルをつないで相乗効果を生み出す統合力を鍛え上げていくという好循環が生まれるようになります。

４ｔｏ４の理論で考え、４年に１度くらいのペースでリスキリングを行い、スパイクスキルを追加することで、スパイクスキルがドメインスキルとなり、太くなったドメインスキルはマスタースキルを成長させていきます。このサイクルをどんどん回し

図2-9　「π型人材2・0」のイメージ

リスキリングの継続によって自分の強みである専門スキルが増え、異なるスキルを結び付ける統合力が鍛え上げられて「π」が成長していく

ながら、「π」のサイズを大きくしてていくイメージを持ってもらえればいいでしょう。

　このように、リスキリングを継続して行うことで、どんどん成長していくπ型人材こそが、時代に左右されることのない、今後求められる新しい人材の形です。これをこの本では「π型人材２・０」と定義しました。そして、π型人材２・０になるためには、効率的で、なおかつ持続的に学び続けることが不可欠です。つまり**「学びのプロ」、そして「変化に適応するプロ」になる必要があります。**

　リスキリングによって「π型人材」になる。そして、リスキリングを継続することで「π型人材２・０」へと成長するのです。

リスキリングのための「LEARN（ラーン）＋Aステップ」

では、「π型人材2・0」を目指すに当たって、私たちはどのような順番で自分のスキルを増やしていけばいいのでしょうか。

今回、そのステップを整理し、必要となる行動の頭文字を取って「**LEARN+Aステップ**」と名づけました。

「**L**」は、Let go（of your common sense and status quo）の略です。リスキリングをスタートするには、まず、今ある常識や置かれた状況など**前提条件を手放すこと**が重要だからです。第3章で説明します。

「**E**」は、Evaluate（your skill set）の略。前提条件を手放したら、次に**自分のスキルセットを評価する**ステップに入ります。これがπ型におけるドメインスキルの洗い出しになります。これまでのキャリアを棚卸しして、自分にとってのドメインが何かを抽出します。第4章で説明します。

図2-10　LEARN+Aステップ

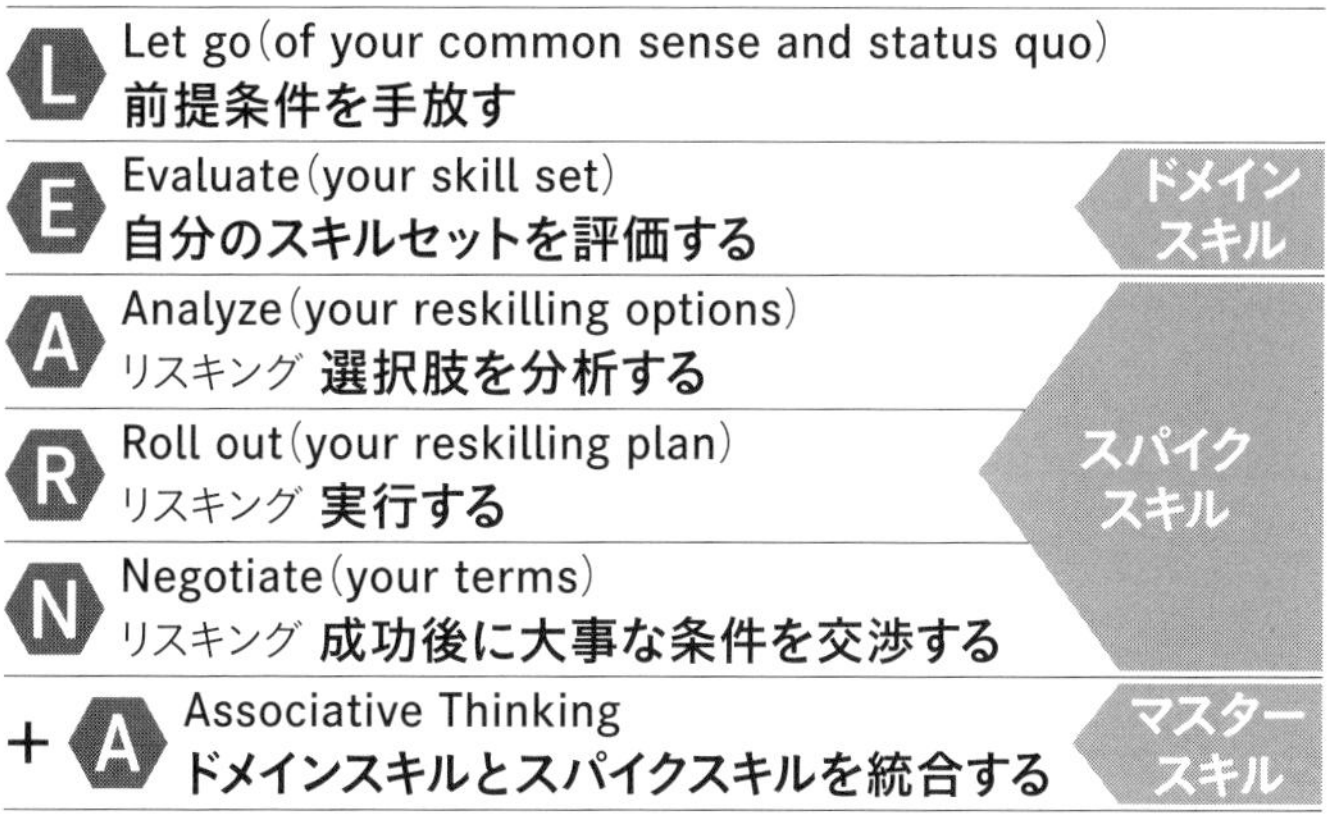

「π型人材2.0」への最短ルートを示した「LEARN+Aステップ」

「A」は、Analyze（your reskilling options）を指します。**何をリスキリングすべきか、その選択肢を分析する**段階になります。π型におけるスパイクスキルに何を選んだらよいのかを第5章で考えます。どのようなドメインスキルとスパイクスキルを組み合わせると、効果的な掛け算になるのかについてもアドバイスします。

「R」は、Roll out（your reskilling plan）で、選んだ**リスキリングの実行段階**になります。ここでは、どのようにリスキリングすれば挫折しないのか、効果的にスパイクスキルを手に入れるにはどうすればいいのか、といった手法を紹介します。第

6章で解説します。

「N」は、Negotiate（your terms）で、その名の通り**ネゴシエーション（交渉）**になります。もともと持っていたドメインスキルと手に入れたスパイクスキルで、会社側と重要な条件を交渉します。日本人は条件交渉が苦手な人が多いですが、ここを明確にしておかないと、リスキリングのモチベーションにも関わってきます。第7章で解説します。

最後の**「+A」**は、Associative Thinkingです。**棚卸しをしたドメインスキルと、リスキリングで得たスパイクスキルを統合する力＝マスタースキル**について説明します。実はこのマスタースキルが、これからの人材に欠かせないスキルになると私は考えています。マスタースキルを身に付けるために必要な要素、マスタースキルが獲得しやすくなる環境について、第8章で説明します。

第3章

リスキリングステップ①

『L』

Let go（of your common sense and status quo）

前提条件を手放す

LEARN+A

なぜ「手放す」ことがリスキリングの第1ステップなのか

いよいよ、あなたのリスキリングを成功させるための道筋を考えていきます。
まずは「ＬＥＡＲＮ＋Ａステップ」の最初の一歩である、**「Let go of your common sense and status quo＝前提条件を手放す」**について解説します。

リスキリングを始めるに当たって重要なのは、マインドセットです。

チャットＧＰＴなどの生成ＡＩが登場して、技術職・非技術職を問わず、仕事のやり方が大きく変わるといわれています。すでにさまざまな業界で、チャットＧＰＴなどの生成ＡＩを使った業務の効率化が行われています。

例えば、私は音声コンテンツのポッドキャストを毎週配信していますが、その内容をこれまではライターさんにお願いして記事にまとめてもらっていました。それが今では、米ＯｐｅｎＡＩの「Ｗｈｉｓｐｅｒ（ウィスパー）」という音声認識システムで文字起こししたテキストを、チャットＧＰＴに要約のプロンプトと一緒に入力し、出力させるだけです。あっという間にまとめ記事のたたき台が完成します。

テキスト編集だけではありません。収録した音声の中で「この部分をカットしたい」と思ったら、わざわざ音声専用のソフトを立ち上げなくて済むようになりました。ＡＩによって文字起こしされた文章からカットしたい箇所を選択して「Ｄｅｌｅｔｅ」ボタンを押すだけで、その部分の音声を消すことができるソフトウエアも、米国ではやっています。

動画も同様です。例えば「こんな内容の動画を２分で編集して」と、要件を整理してテキストで指示するだけで、要求に沿った動画を生成するソフトウエアもあります。

音声ソフトや動画ソフトを使いこなすハードルが高く、文章以外のコンテンツに手が出せなかった人でも、ＡＩの時代の今なら簡単にポッドキャストを配信したり、動画を作成したりできるでしょう。

これを**「ライターの仕事が奪われる」「動画編集者の仕事が奪われる」**と考えるか、これまでの仕事にチャットＧＰＴを組み合わせて**「付加価値の高い仕事ができるようになる」**と考えるかは、人それぞれでしょう。

前述したように、日本ではチャットＧＰＴに仕事を奪われるという議論になりがちです。しかし、自分のスキルをどんどんアップデートさせて、常に市場に求められる人材になると考えたほうが、変化のスピードが加速しているこれからの時代には合っています。

ＡＩ時代になると、医師や弁護士などの専門家が不要になるという意見もよく聞きます。しかし、私はそうは思いません。いくらＡＩが進化したとしても、その仕事が根底からなくなることはないでしょう。むしろＡＩをうまく活用することで、生産性が向上したり、市場を広げたりすることができると考えます。

米国は医療費が高く、３人に１人は医療機関への受診を断念しているというデータがあります。日本でも高齢化が進むに伴い、病院不足や医師不足が懸念されています。そのようなときに「ＡＩドクター」が診察してくれるようになれば、多くの人が気軽に医療にアクセスできます。そうなると、市場は今より広がると考えられます。

弁護士も同様でしょう。先日、ある法律事務所が主催するセミナーに登壇し、弁護士の未来がチャットＧＰＴでどう変わるかについて、弁護士の方々と議論する機会がありました。そこで弁護士のみなさんが言っていたのは、現在のところチャットＧＰＴでは、クライアントに共感したり提案したりすることができない。だから、今後はその部分に注力する必要があるということでした。

一方で、判例調査や資料まとめなどは自動化されるため、資料作成にかかった費用を時給ベースで請求するビジネスモデルを変えなければならない可能性がある、といった話をしました。

登壇していた弁護士の先生が、「弁護士業は、今まで営業力や提案力、クリエイティビティーなどを積極的に求められてはこなかった。司法試験や司法修習所で学ぶことも、書類作成や調査の仕方などが大半であり、クライアントに共感する力や市場を開拓する力、起業や経営などは学ぶ必要がないと思っている人が大半だと思う。しかし、今後チャットＧＰＴ時代に突入するに当たり、そのようなスキルを求められるようになるだろう。それは、正直酷だと思っている」と話されていました。

「酷だ」というのはある意味、弁護士のスキルを明記したジョブディスクリプション(職務記述書)が変わりつつある証拠かもしれません。このように、チャットＧＰＴの登場で、市場からのニーズやその対応法、成功の定義やゲームのルールが変わってきているのです。

それは同時に、現在持っている弁護士資格に何かを掛け合わせることで、大きく飛躍できるチャンスが生まれるとも考えられます。今のスキルに新しいスキルを加えることが、ビジネスチャンスにつながり、その人のキャリアを豊かにしていくことにつながるのです。

ダボス会議でも議論されたリスキリング

２０２３年の世界経済フォーラム（通称：ダボス会議）で、非常に興味深い議論が行われました。それは、ESG（E＝Environment・環境、S＝Social・社会、G＝Governance・企業統治）経営の「S」の軸、すなわち企業が社会に対してどのように貢献しているかについてチェックする評価軸において、リスキリングや人的資本の活用を指標にするといった話題が出たことです。

ここに至るまで「E」の環境問題に関しては、企業がどこまで取り組んでいるかの指標が明示されるようになり、米国では上場企業に二酸化炭素（CO_2）の削減量を公開するよう義務づける動きが進んでいます。また「G」の企業統治においては、日本でも情報開示義務や法令順守など、より公平な指標化を取り入れる動きが進んでいます。

そうした中、「S」の軸にリスキリングの評価が入ったことを興味深く感じました。

もともとリスキリングに関しては、２０２０年のダボス会議において「２０３０年までに、10億人により良い教育、スキル、仕事を提供する」ことを宣言した、いわゆる「リスキリング革命（Reskilling Revolution）」と呼ばれるイニシアチブがありました。

　このリスキリング革命が、ＥＳＧの「Ｓ」軸と結び付いたことで、これからは、環境問題同様に各企業の人的資本の情報が公開されるようになるでしょう。従業員へのリスキリングに対する投資などに目標設定が行われ、その達成度も見える化されていくと考えられます。つまり、企業はＥＳＧ経営において、従業員のリスキリングに取り組むのが当たり前の時代になったのです。

　日本でも２０２３年から大企業に対し、人的資本関連情報の開示が義務づけられるようになりました。今後、人への投資ができない企業は、厳しい状況に追い込まれるでしょう。その一方で、リスキリングを中心とした人的資本の向上に積極的な企業は、消費者や投資家からも高い評価を受けるようになるのではないでしょうか。

　米国では、このような企業主体のリスキリングプログラムを作る会社が急成長しています。例えば、米ギルド・エデュケーションは、ウォルマートなどの大企業と組んで、従業員向けのリスキリングプログラムを開発しています。同社は、各企業の事業内容に沿った個別のプログラムを作るのが売りです。ＣＥＯ（最高経営責任者）のレイチェル・カールソン氏は現在35歳ですが、すでに同社をユニコーン企業（創業10年以内に10億ドル以上の評価額に達している未上場ベンチャー）に育て上げています。

メキシコ料理チェーン「Chipotle（チポトレ）」を運営する米チポトレ・メキシカン・グリルも、ギルド・エデュケーションを利用している1社です。カールソン氏によると、ギルド・エデュケーションで学習するチポトレの従業員の定着率は、そうではない従業員に比べて3・5倍も高いそうです。さらにマネジメント職に昇進する従業員の数に至っては、7・5倍も高くなるのだといいます。

ダボス会議における議論の方向性や、ギルド・エデュケーションのような企業の台頭を見ても、今後、社会全体でリスキリングに取り組まなくてはならない時代になるのは間違いないでしょう。

「現場力」とリスキリングの掛け合わせ

「４ to ４」の時代がやってくる。つまり、4年に1度はリスキリングしなくてはならないという話を第1章でお伝えしました。これは、今まで培ったあなたのスキルを、全て捨てなくてはならないという話ではありません。

　みなさんには、これまでそれぞれの分野で築いてきたスキルがあるはずです。例えば、長年営業をやってきたかもしれませんし、マーケティングをしてきたかもしれません。アパレル業界にいた、美容業界で働いていたといった職歴があるかもしれません。そうした現在持っているスキルに、新しいスキルを掛け合わせるのです。

　例えば、デニムで有名な米リーバイスでは、コンピューターサイエンスの知識が全くない従業員をさまざまな部署から集め、リスキリングしたそうです。２０２１年には、同社から２００人以上のデータサイエンスコースの卒業生が誕生しています。

　これは個人ではなく、企業が総力を挙げて従業員にリスキリングを促した例ですが、ここから学べる点がひとつあります。それは、データサイエンスがわかる人にファッションを勉強してもらうより、ファッションを理解し、商品を製造している人たちにデータサイエンスのスキルを習得してもらったほうが効果的だということ。そのほうが時間はかからないし、企業にとって財産にもなるのです。

リーバイスのように、「現場力を持った人材のリスキリング」というアプローチで見た場合、まず企業目線での大きなメリットとして、「現場への波及効果の大きさ」が考えられます。現場の仕事に精通していれば、データサイエンスコースを通じて得られた知識を直接業務に適用させられます。新たに習得したその知識を他の現場スタッフと共有すれば、組織全体のスキルレベルを向上させ、企業全体の人材の底上げにもつながります。

さらに、**現場経験のある人材が新たなスキルを学ぶ場合、習得までの期間が比較的短い**ともいわれています。これは、すでに業務の流れや課題を熟知しているため、新しい知識を業務に結び付けて具体性のある課題にまで落とし込んで吸収できるからです。

これはどの業界にも当てはまることであり、個人のリスキリングにおいてとても重要なポイントです。つまり、今の自分のスキルを生かしたまま、リスキリングによって自身のバリューを上げられるわけです。この考え方が大事だと私は思います。

サンクコストに縛られない

学び直しをしようと思った際に、それを邪魔するのが**サンクコスト**の捉え方です。サンクコストとは回収不能な埋没費用のこと。これを受け、過去に投資したものに対しては、もはや回収不可能でも投資を続けてしまう心理を「サンクコスト効果」といいます。

このサンクコスト効果にまつわる言葉に、「コンコルドの誤謬《ごびゅう》」があります。これは、英国政府とフランス政府が、採算割れが避けられない状態に陥っていた超音速旅客機コンコルドのプロジェクトに対し、これまでの損失を取り戻すため、さらに多くの資金をプロジェクトに投入し、かえって多くの損失を出してしまったことに由来します。

これと同様に、リスキリングでもサンクコスト効果が働いてしまうのです。

「ここで10年も働いたのだから、辞めるのはもったいない……」

「ここまで専門を極めたのだから、継続しないともったいない……」

などと考えて、今までの職場や職種にしがみついてしまう心理は、誰でも想像できるのではないでしょうか。

このようなときに大事なのが**「アンラーン」**という考え方です。

一般的な学び、つまり「Learn＝ラーン」は、自分の知らない新しい知識を身に付けることを指します。一方「Unlearn＝アンラーン」は、これまで学んだ知識を一度疑い、これまでの常識から外れてみることを指します。

なぜこれが必要かというと、「何かをインプットする前には、これまでの考えを手放すことが大事」になるからです。

ビジネスアドバイザーで起業家のバリー・オライリー氏が書いた『アンラーン戦略「過去の成功」を手放すことでありえないほどの力を引き出す』（ダイヤモンド社）に、次のような一節があります。

「お前の心は自分の考えや意見で満ちている。まずはお前さんが自分の心の器をからにしなければ私がどう禅を語ってもわかってもらえるはずがない」

出典：『アンラーン戦略』（ダイヤモンド社）

そして、「新しい視点や展望が欲しければ、まずは古い視点や展望、成功体験を手放さなければならない。あなたをここに連れてきたものは、これから行きたい場所にあなたを連れて行ってはくれない」と説きます。

『Ｕｎｌｅａｒｎ（アンラーン） 人生１００年時代の新しい「学び」』（日経ＢＰ）を書いた東京大学経済学部の柳川範之教授は、アンラーンについて**「学びによる知識や経験をよりよく活かし、長いスパンで活躍し続けるための、とても重要なステップ」**と述べています。また同書では、共著者で４００メートルハードルの選手としても知られる為末大さんが、オライリー氏と同様のことを、プロ野球選手だった王貞治さんの練習に例えて説明しています。

現役時代の王さんが、バットスイングの変なクセに気づき、バットの代わりに日本刀を振って練習したというのは、野球ファンには有名な話です。日本刀はまっすぐ振らないと物が切れない。だから変なクセを修正し、まっすぐ振ることを学び直すために日本刀を使ったといいます。

つまり、新しい何かを学び、新たなスキルを獲得するためには、これまでの常識にとらわれないことが大事だというわけです。

リスキリングが必要な人たちとは？

同書では、以下のような人たちは、とくに学び直しが必要であると書かれています。

・会社名や肩書を名乗らずに自己紹介するのは苦手（不安）
・携帯電話のアドレス帳に入っている連絡先のうち、半分以上が仕事関係者
・「うちの会社では……」がログセになっている
・１か月のうち、仕事関係者以外と会った人数は３人以下
・何かをしない言い訳に「仕事が忙しくて」とつい言ってしまう
・「今日は仕事に行きたくないな」と思う日がある（明らかな体調不良を除く）
・「以前はこうだった」「こういうときはこうするものだよ」とすぐに前例を持ち出す

出典：『Ｕｎｌｅａｒｎ（アンラーン）人生１００年時代の新しい「学び」』（日経ＢＰ）

そして、こうした人たちが学び直しをするためには、次の５つが重要だと提示しています。

・専門外、業界外の人と話す
・環境を変える
・多様、異質な人や環境に身を置く
・副業をする
・この考え方は今の会社以外で通用するか? と疑問に思う

これまでの常識を手放すことで、リスキリングでの学びがより有効になるのです。

このように、勤務してきた会社の常識や業界の常識などに縛られたまま、あるいはこれまで培ってきた職種に関する知識を起点に今後の可能性を考えると、どうしても選択の幅が狭くなってしまうことがおわかりいただけたと思います。

もちろん、自分の過去の経験とそれに伴って習得してきたスキルを棚卸しすることは、LEARN+Aステップにおいて非常に重要です。しかし、過去の自分や経験を見つめ直し、自分の「現時点での強み、他者から見た売り」を理解した上で、まっさらな状態でリスキリングすることによって、大きなスキルの掛け算効果が期待できるのです。

この、まっさらな状態であることを、英語で**「Clean Slate（クリーンスレート）」**といいます。クリーンスレートには、「白紙に戻す」「一からやり直す」といった意味合いがありますが、キャリア観も一度クリーンスレート化して**「今いる自分の場所から未来を見たときに、最大限のリターンが得られるような選択肢は何だろうか」**と、客観的に考えるのが大事です。

その際、過去で何をしてきたか、何がうまくいって何がうまくいかなかったか、というような経験値にとらわれないようにしましょう。あくまで今いる場所に全ての判断材料がそろっているという前提で、将来を見据えて、習得すべきスキルを選定していきます。

ただし、この章の最初に話したように、リスキリングするからといって、今までのキャリアを全部捨てる必要はありません。過去に培ってきたスキルというベースの上に、リスキリングで得た新たなスキルを積み上げ、２つを掛け算することでπ型人材２・０に近づいていくのです。

プライドを手放す

リスキリングを行う際の心構えには、他にもいくつか重要なことがあります。

米フェイスブック（現メタ）のCEOであるマーク・ザッカーバーグ氏がブラジリアン柔術を習っていることはご存じでしょうか。初心者にもかかわらず格闘技を始めたことについて、彼はこのようにインタビューで答えています。

「人は成長するにつれ、恥をかきたくないという気持ちが出てくるものだと思う。面白いことをやり続けられるかどうかは、また恥をかいたり、初心者に戻って体を蹴られたりすることをいとわないかどうかにかかっているのかもしれない」

さらに、「学ぶことの一部は失敗することだ」「学びの初心者は、それを試す前にプライドを捨てる必要がある」とも語っています。このザッカーバーグ氏の「プライドを捨てる」姿勢こそ、リスキリングに必要な心構えだと思います。

「自分なんか」を手放す

プライドを手放すとは逆方向の話ですが、リスキリングをする際には「自分なんかどうせ……」という考え方も手放さなくてはなりません。

英語に、「Imposter syndrome（インポスターシンドローム）という言葉があります。インポスターとは「まがいもの」や「詐欺師」の意味です。それを受けて、どんなに評価されてもそれは実力ではなく、自分は人をだましているんじゃないかと自信が持てない状態をインポスターシンドロームといいます。「ずいぶん褒められたけれども、自分は本来ここにいるべきではない」とか、「自分の成功は運によるもので、評価に値する人間ではない」などと思い悩んでしまうのです。一般的には、とくに女性に多い傾向だといわれています。

なぜそうした感情を手放さなくてはならないのかというと、**「自分なんか……」と思いながら学ぶと、学習中にも学習後にもよくない影響をもたらす**からです。逆にこの感覚を手放せたとき、リスキリングでの学びはとても有効に活用できます。

このようなマインドセットの影響は、パロアルトインサイトでマーケティングを担当する鈴木航生さんがプログラミングを学びながら、1カ月でウェブサイトを立ち上げた経験からも確認できます。当初彼は、「未経験だけどプログラミングを習得できるだろうか？」「自分には難しすぎるのでは？」といった疑問と不安を抱いていました。しかし、学習やプロジェクトが進み、知識や言語の理解が深まるにつれ、徐々に自己懐疑に陥っていた自分の姿を客観視できるようになり、学びとの向き合い方が変わってきたそうです。

チャットＧＰＴによる学習のサポートや、ウェブ検索、エンジニアからのフィードバックといった多方面からの学習リソースをフル活用し、手掛けたウェブサイトのローンチを終えたときには、プログラミングスキルの習得以上のことを得られたそうです。

彼は「未経験からのプログラミング学習は困難だったけれど、それ以上に、自分が何か新しいスキルを習得する能力があることを認識できるいい機会になった」と話します。

このように一見困難に思える挑戦であっても、限定的な思考から自由になることで、自分の新たな能力を開発し、スキルアップにつなげることができるようになるのです。

ハーバード・ビジネス・スクールで教壇に立った社会心理学者のエイミー・カディ氏の

TEDトークに、**「ボディーランゲージが人を作る」**という有名なトークがあります。ハーバードで学ぶような人でも、自分に自信が持てない人は多い。そういう人は、面接が始まる前にトイレに行って、鏡の前でスーパーマンのポーズをとるといいといった話です。

そんなちょっとしたボディーランゲージをするだけで、副腎皮質の中のコルチゾールというホルモンが作用して、自分への評価が変わるのだそうです。

カディ氏はハーバードに入学した学生たちにも、自分に自信が持てるボディーランゲージを推奨しているのだとか。狭き門を突破した実力があっても、「自分はこんな立派な場所にくるべき人間ではなかった」と思ってしまうと、学びの質が落ちたり、その学びを生かそうという積極性が落ちたりするからです。

この話はリスキリングにも通じます。エンジニアリングやプログラミングを学んでも、エンジニアやプログラマーと名乗れない人が大勢いるのです。そんな場合は**「名詞よりも動詞で語る」ことがひとつの解決策になる**と考えます。

例えば「自分はランナーである」という名詞を使うと、ものすごく良いタイムで走れる人のようなイメージになってしまいますよね。でも「私はランニングをしています」なら、言いやすいはずです。これが「名詞よりも動詞で語る」ということです。

同じように「エンジニアです」と名乗りにくいのであれば、「私はエンジニアリングをしています」とか、「エンジニアリングを勉強しました」というふうに、動詞で語るといいでしょう。

先ほど紹介した私の会社のマーケティングメンバーも、1カ月でウェブサイトを開発し、ローンチしたからといって、自分を「エンジニアです」「ウェブデベロッパーです」と名乗るのは、もしかしたら気が引けるかもしれません。そういうときは、「ウェブ開発ができます」と言えばいいのです。

そのような経験値が増えるにつれて、自分のアイデンティティが強固になり、動詞から名詞に移行できるようになるでしょう。そうなれば、もう「私なんか……」といったインポスターシンドロームを克服できているに違いありません。

認知バイアスを手放す

さて、どれだけリスキリングが重要だと言われていても、いざ自分がトライするとなると腰が重くなってしまう気持ちは、私自身も経験があるので非常によくわかります。

人間には、先入観や思い込みによって非合理に判断してしまう認知バイアスや、思考のクセがあるといわれています。それを理解するには、２００２年にノーベル経済学賞を受賞した心理学者のダニエル・カーネマン氏らが提唱した「プロスペクト理論」が参考になります。

この研究では、以下の質問が投げかけられます。

質問：あなたの目の前に、以下の2つの選択肢が提示されたものとする。どちらを選ぶか。

(A) 100万円が無条件で手に入る。

(B) コインを投げ、表が出たら200万円が手に入るが、裏が出たら何も手に入らない。

（A）の場合も（B）の場合も、どちらも手に入る金額の期待値は１００万円です。にもかかわらず、この場合、ほとんどの人が確実に１００万円が手に入る（A）を選びます。

しかし、

あなたに２００万円の負債がある場合はどうしますか？

という条件が加わると、どうでしょうか。すると今度は大半の人が（B）を選ぶのです。これは、確実にもらえる１００万円よりも、マイナスを帳消しにできる２００万円を得る可能性を優先したからだと考えられます。このような変化が現れるのは、「２００万円の負債がある」という状況によって、感情に揺れが生じるからです。つまり、人は目の前に利益がある場合は、「利益が手に入らないのは嫌だ」と考えるけれど、損失を目の前にすると損失そのものを回避しようとする傾向があることがわかります。もっと単純に言えば、「得してうれしい」より「損して悔しい」ほうが、心理的な影響が大きいということです。

例えば、今まで15年以上働いてきた会社を辞めるとなると、大きな損失が頭に浮かぶかもしれません。今辞めると退職金の税務控除額が減ってしまう、もう少し頑張れば昇進するかもしれない、といった漠然とした損失の概念は、往々にして決断を鈍らせるものです。

先ほど紹介したサンクコストの話も同様ですが、このような**認知バイアスの傾向を知っておく**と、自分が何かを始めたりやめたりするときに、より客観的な判断ができるようになります。「認知バイアスをなくすことはできない」といわれていますが、少なくともそのような判断に陥るのには理由があると知っているだけで、異なる視点から自分の意思決定をチェックできるのではないでしょうか。

人間は非合理的な生き物です。だからこそ、認知バイアスの傾向を知って、一歩引いて自分を見つめることができるとよいでしょう。

もうひとつ、私がよく引用する研究結果を紹介します。これは、商品を買うときや転職先を探す際などの意思決定の参考にできる数学的研究です。

例えば、家を買うために1カ月の期限が与えられているとします。その場合、最初の11日間は良い物件だなと思っても契約はせず、市場の相場を理解するためにも、いろんな家を見ているだけがいいそうです。しかし12日目からは、「いい物件に出合った」と思った瞬間に決めたほうがいいということが、数学的に証明されています。この研究結果から導かれた法則は、一般的に**「37%ルール」**と呼ばれています。

もちろん、最初の家や転職先で一目ぼれして決めてしまうこともあるでしょう。ただ、それは数学的にリスクがあることを知っておくだけでいいのです。

この章ではLet go（今までの常識や前提条件を手放す）ことを中心に、リスキリング開始前の準備運動のようなステップの話をしてきました。

人間が限られた時間で習得できるスキルや情報には限りがあります。そのためにも、不必要な情報をできる限り捨て去り、**新しい情報を入れるための空っぽの引き出しを用意する必要がある**のです。その引き出しが多ければ多いほど、第8章で紹介するAssociative Thinking（連想思考）の効果も期待できます。

今までの常識やこれまで積み上げてきたものを手放すのは、決して簡単なことではありません。大事なのは、実際に手放せるかどうかではなく、**自分が当たり前だと思っていたことが、当たり前ではないかもしれない、という可能性を受け入れる**ことです。

そして、その可能性を受け入れるためにも、この章で紹介したインポスターシンドロームや、認知バイアスなどの存在を理解することが重要です。それができれば、LEARN＋Aステップの「L」は成功といえるでしょう。

【第3章の参考資料】

1: **The Reskilling Revolution**（World Economic Forum）
https://initiatives.weforum.org/reskilling-revolution/home

2: **「米国の巨大スーパー相手に『教育プログラム』が新ビジネスになる理由……時給アップでも働き手が戻らないアメリカ」**（Business Insider Japan）
https://www.businessinsider.jp/post-240945

3: **Guild Education reaches $3.7 billion valuation amid labor shortage**（CNBC）
https://www.cnbc.com/2021/06/02/guild-education-reaches-3point7-billion-valuation-amid-labor-shortage.html

4: **Exclusive: Lessons from levi’s data science bootcamp**（Vogue Business）
https://www.voguebusiness.com/technology/exclusive-lessons-from-levis-data-science-bootcamp

5: **Mark Zuckerberg has advice for martial-arts newbies: 'Be willing to get beaten up a lot'**（BUSINESS INSIDER）
https://www.businessinsider.com/mark-zuckerberg-jiu-jitsu-mma-meta-beaten-up-2023-6

6: **「ボディランゲージが人を作る」**（エイミー・カディ／TED）
https://www.ted.com/talks/amy_cuddy_your_body_language_may_shape_who_you_are?language=ja

7: **Global Study Confirms Influential Theory Behind Loss Aversion**（Columbia University）
https://www.publichealth.columbia.edu/news/global-study-confirms-influential-theory-behind-loss-aversion

8: **『アルゴリズム思考術：問題解決の最強ツール』**（早川書房）
https://www.amazon.co.jp/dp/4150505381/

第4章

リスキリングステップ②

『E』
Evaluate（your skill set）
ドメインスキルを評価する

LEARN+A

図4-1　20-34歳の若手社会人の学びに関する
実態調査結果

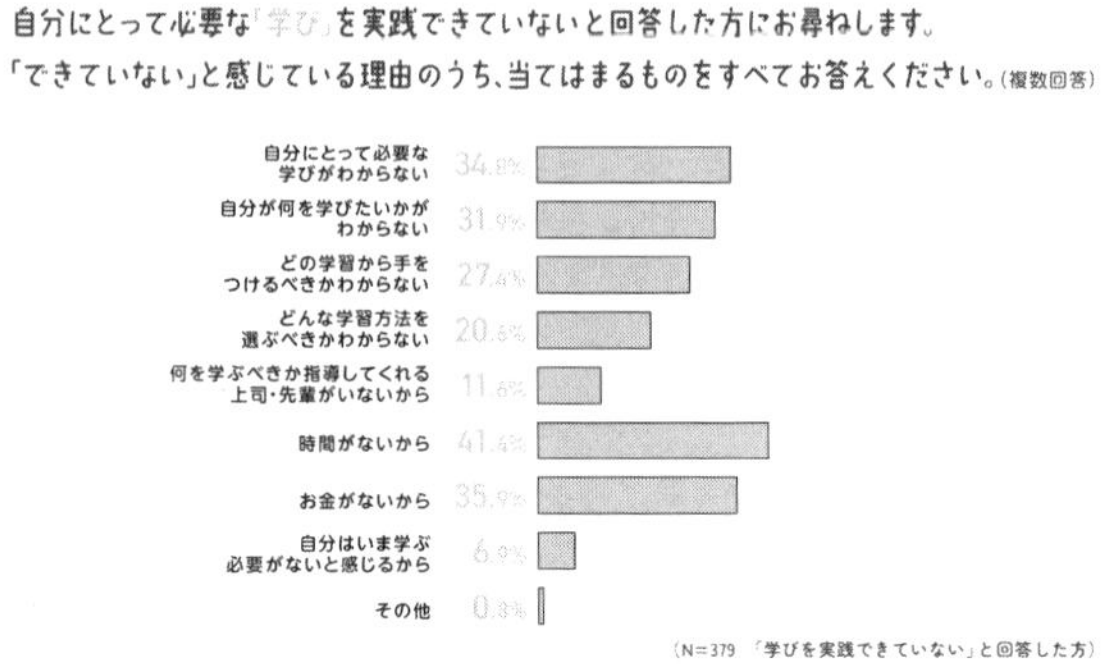

学びを実践できていない若手社会人は、そもそも「何を学べばいいのかわからない」人が多い　（出典：GLOBIS 学び放題「20 - 34歳の若手社会人の学びに関する実態調査」から）

教育サービスを手掛けるグロービス（東京・千代田）は、２０２２年10月に20〜34歳の若手社会人の学びに関する実態調査の結果を発表しました（ここでの「学び」とは広い意味で現在および将来の仕事・業務に関連するもの、ビジネスのスキルアップに関係するものなどを指します）。それによると、多くの若者が学ぶ必要があると考えているものの実践できていない「学びの迷子」である実情が浮き彫りになりました。

さらに「学びを実践できていない」と回答した人を調べると、**図4-1**で示しているように、学びがうまくいかない理由とし

図4-2　ドメインスキル

自分の強みである専門分野・ドメインスキルは「π」の向かって左脚

て「時間がないから」「お金がないから」に次いで、「自分にとって必要な学びがわからない」「自分が何を学びたいかがわからない」「どの学習から手を付けるべきかわからない」という回答が多いことがわかりました。

　ここで言われる「学びの迷子」になってしまう理由は、**自分がもともと持っているスキルを評価できていない**ことも一因です。そもそも自分がどんなドメインスキルを持っているかを認識できていなければ、そのドメインスキルと相乗効果をもたらすスパイクスキルを探すこともできないからです。

　自分のドメインスキルを土台として、リ

スキリングによって掛け算の効果を生み出すためには、現在のスキル自体を把握している必要があります。

そのために行うステップが、**「Evaluate＝自己の評価」**です。これは、**今の自分のスキルセットを客観的に見直し、言語化し、明示化する作業**です。π型人材の「π」の文字で言えば、向かって左側の脚、つまり現段階における自分の強みであるドメインスキルを見つける作業になります。

ひとくちに自分のスキルを把握するといっても、さまざまな方法が考えられます。ここでは、過去の職歴をベースにチャットＧＰＴなどＡＩの力も使って、基礎的なスキルであるソフトスキルを可視化する方法を紹介したいと思います。

実績や経歴から、強化すべきスキルや、スキルのギャップを特定することが可能になります。デジタルツールを駆使して、より効率的に自身のスキルセットを理解し、成長の方向性を明確にしていきましょう。

自分のスキルを可視化する「スキルセットツリーマップ」

これまで培ってきた自分のスキルを評価するのは、口で言うほど簡単なことではありません。過去10年、20年、30年の経験をまとめて、突然「あなたのスキルセットを教えてください」と言われても、戸惑ってしまうでしょう。

そこで、自分のスキルを見える化できるようにする**「スキルセットツリーマップ」**を紹介します。

スキルセットツリーマップを作る手順は以下の通りです。

①過去の会社名や役職名などの職歴をリストにし、それぞれの役職を遂行するための主業務（タスク）をリスト化する

②それぞれの主業務実行において大事なソフトスキル（基礎的なスキル）は何かをリスト化する

みなさん、これまで働いた会社名や務めた役職名までは簡単に書けると思います。難しいのは、その役職を遂行するための主業務をリスト化する部分ではないでしょうか。

そこでまずは、役職ごとに具体的な業務を細分化していきましょう。スキルと考えてしまうと難しい人は、スキルという言葉をいったん忘れて**「この業務を行うために必要なタスクは何だっただろう」**と考えると、わかりやすいと思います。

ここでは営業の人を例にスキルを棚卸ししてみましょう。

今回はクラウド経由でソフトを提供するＳａａＳ（ソフトウエア・アズ・ア・サービス）のサービスを、企業向けに販売する営業の人を想定しました。仮定として挙げる具体的な業務は、次の３つになるでしょう。

①**営業先の候補を絞るタスク**
②**営業先にアポを取るタスク**
③**営業先とミーティングをして契約を取るタスク**

これ以外にも、会社の規模によっては、契約におけるペーパーワークの説明をする仕事もあるかもしれません。

仮にこの3つが主業務だとすると、①の営業先の候補を絞るタスクに関して必要となる基本的なスキル（これを「ソフトスキル」といいます）は何だろうと考えます。世の中に「ここに営業に行けばいいですよ」といった誰でも使えるリストなど存在しないので、自分で候補を見つけなくてはなりません。そこで必要となるスキルについて、「これはリサーチスキルではないだろうか……」「②の営業先にアポを取る仕事のために必要なスキルは、○○ではないだろうか……」というように、仕事の内容を分解しながらスキルセットのツリーを埋めていきます。

こうしてみると、営業のスキルとは単純に「汗をかいて、門前払いを食らっても諦めない根性」といったスキルではないことが確認できると思います。現在のビジネスパーソンが持っている営業スキルは、実は「データを活用するスキル」や「コミュニケーションスキル」が中心になっているということがわかるでしょう。

このように、役職からタスクを洗い出す作業を行いながら、どのようなスキルが身に付いたのかを書き出していくのです。

次に、スキルセットツリーのサンプルを示しました。ひとまずこれを参考にしながら、みなさんもこれまでの職歴を基に、自身のスキルを棚卸ししてみてください。

図4-3 スキルセットツリーマップのサンプル

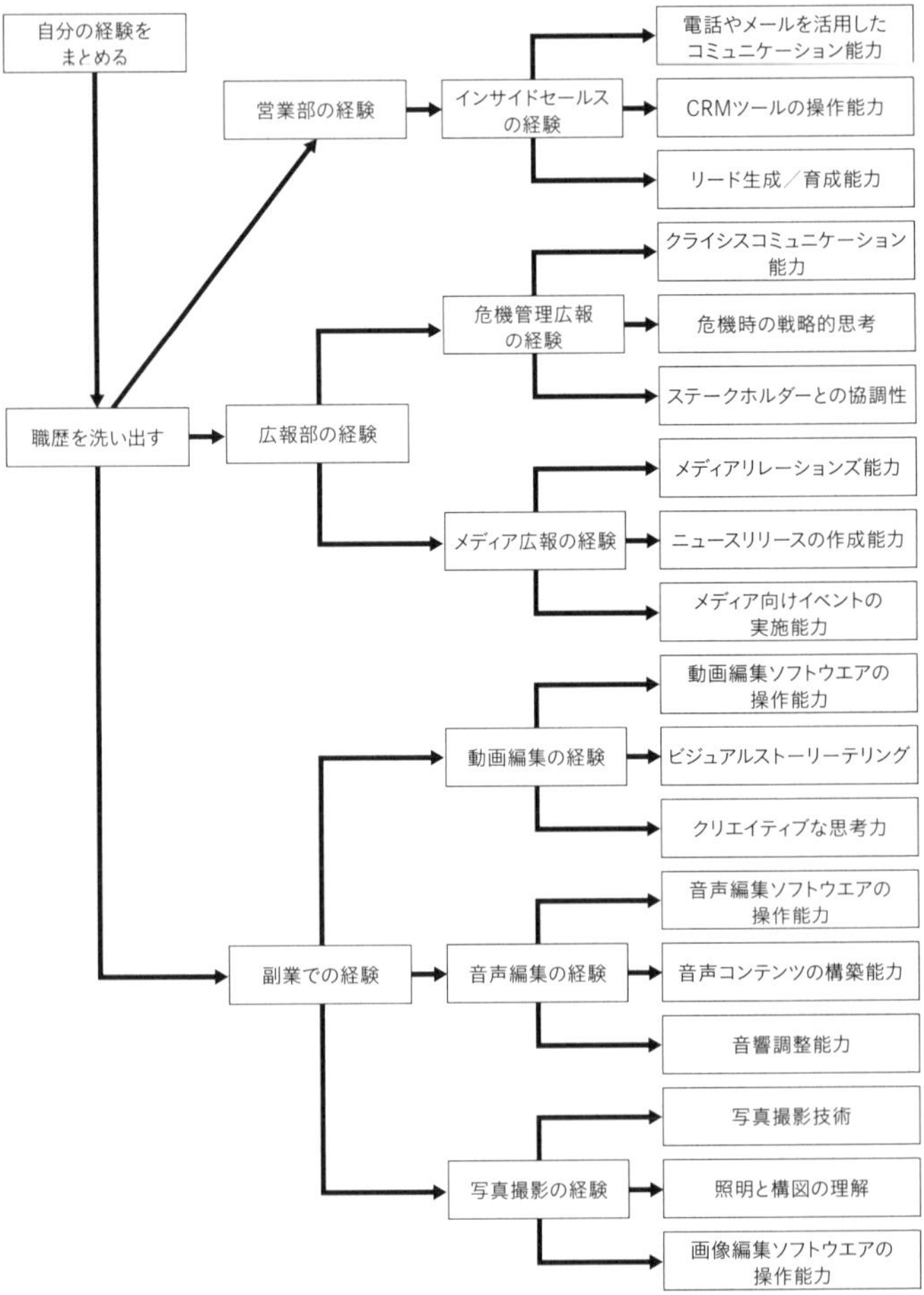

自分の強みであるドメインスキルをスキルセットツリーに落とし込んだ例。これを参考に、自分の職歴を振り返りながら、枠を埋めていきましょう

チャットGPTを利用して「スキルセットツリーマップ」を作る

しかし、自分でゼロからスキルを棚卸しするのは難しいと感じる人もいるかもしれません。そこで、今回はチャットＧＰＴを使って整理する方法を伝授します。

本書では、事例に沿って２種類のチャットＧＰＴのプロンプトを紹介したいと思います。ひとつはドメインスキルの棚卸しを、チャットＧＰＴを使って行う際に役立つプロンプト。そしてもうひとつは、棚卸ししたドメインスキルに、どのようなスキル（スパイクスキル）を掛け合わせれば、市場で求められる人材になれるかの提案をチャットＧＰＴにしてもらうためのプロンプトです（こちらは第５章で紹介します）。

プロンプトというのは、チャットＧＰＴなどの生成ＡＩに対する命令や質問のようなものです。職種が違えば効果的なプロンプトも変わりますので、あくまで参考として捉えてください。

また、今回は有料版の「ＣｈａｔＧＰＴ Ｐｌｕｓ」を使用しています。無料版でも作業のプロセスは変わらないので、一度試していただければと思います。

営業職から事業開発職に転職したＡさんの場合

ここでは、大手飲料メーカーの営業部に８年間所属し、中堅企業に転職して４年になるＡさんを例に取り上げて考えてみます。

Ａさんは飲料メーカーでの営業を経て転職。２社目の中堅ＩＴ企業では、新規事業開発部のメンバーとして、新たなソフトウエア製品を企画・推進する業務に従事しています。営業経験を生かし、新しいビジネスチャンスを見つけ出し、それを具現化するための戦略立案を担うポジションです。

このＡさんのスキルセットを整理してみましょう。Ａさんの職歴から、どのようなスキルセット（ドメインスキル）が備わっていると考えられるか、チャットＧＰＴを使って壁打ちをしましょう。チャットＧＰＴへのプロンプトは**「仕事における経験やスキルについてまとめたいと思います」**と最初に宣言した後、**「役職」**と**「職歴」**と**「条件」**を入れます。

Ａさんのドメインスキルを棚卸しする際のプロンプトの例は次のページに、さらにチャットＧＰＴが出力した結果を86ページに示しました。これを見ると、Ａさんの経歴とスキルは主に４つのカテゴリーに分けられることがわかります。

【チャットGPTへの指示】
Aさんのドメインスキルを棚卸しするプロンプト

仕事における経験やスキルについてまとめたいと思います。

#役職
・法人営業(飲料)
・販売促進
・チームリーダー
・新規事業開発

#職歴
・大手飲料メーカーにて8年間、営業職として勤める
・初めての担当地区で、売上目標を2年連続で達成
・新製品の販売推進チームに参加し、販売戦略の立案・実行に携わる
・顧客との信頼関係構築に注力し、長期取引先を増やす
・全国規模の営業会議でプレゼンテーションを行い、自身の取り組みを社内に発信
・中堅IT企業に転職し、チームリーダーとして活躍　現在3年目
・新メンバーの育成と売上目標の達成に尽力
・新規事業開発部に所属し、新たなソフトウエア製品のマーケットへの進出を企画・推進

#条件
役職や職歴から得られた具体的なスキルをMECEに因数分解して出力してください。

【チャットGPTの出力結果】Aさんのドメインスキル

1.営業・マーケティングスキル
・売上目標達成の経験
・新製品の販売推進の実施
・販売戦略の立案・実行
・プレゼンテーションスキル

2.リーダーシップ・マネジメントスキル
・チームリーダーとしての経験
・新メンバーの育成
・長期取引先増加のための信頼関係構築
・社内コミュニケーション（営業会議での発信など）

3.新規事業開発スキル
・新規事業の企画
・新規事業プロジェクトの進行
・新たなソフトウエア製品のマーケットへの進出計画

4.産業知識
・飲料業界の営業経験
・IT業界のリーダーシップ経験

図4-4　チャットGPTが出力するマーメイド記法のイメージ

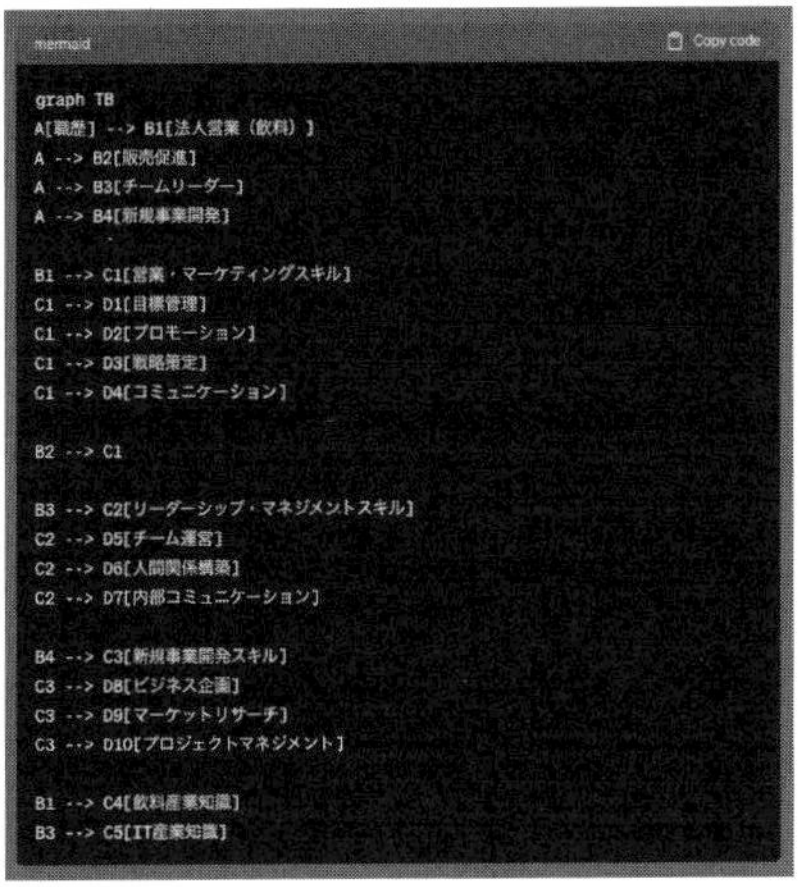


```
graph TB
A[職歴] --> B1[法人営業（飲料）]
A --> B2[販売促進]
A --> B3[チームリーダー]
A --> B4[新規事業開発]

B1 --> C1[営業・マーケティングスキル]
C1 --> D1[目標管理]
C1 --> D2[プロモーション]
C1 --> D3[戦略策定]
C1 --> D4[コミュニケーション]

B2 --> C1

B3 --> C2[リーダーシップ・マネジメントスキル]
C2 --> D5[チーム運営]
C2 --> D6[人間関係構築]
C2 --> D7[内部コミュニケーション]

B4 --> C3[新規事業開発スキル]
C3 --> D8[ビジネス企画]
C3 --> D9[マーケットリサーチ]
C3 --> D10[プロジェクトマネジメント]

B1 --> C4[飲料産業知識]
B3 --> C5[IT産業知識]
```

チャットGPTが出力したコードブロック。ドメインスキルがマーメイド記法に変換されている

さあ、これでドメインスキルについて整理ができました。次はこの結果を基に、スキルセットツリーマップを作成するための指示をチャットGPTに出します。

本書の執筆時点では、チャットGPTからの出力はテキストしか対応していないため、ツリー構造のような図は出力できません。そこで、先ほど出力されたドメインスキルの結果を、フローチャートなどの図をテキストで表すための「Mermaid（マーメイド）記法」に沿うよう、チャットGPTに変換してもらいましょう。

プロンプトは**「この結果をフローチャートでまとめたいので、マーメイド記法で出力してください」**と、入力するだけです。すると、あなたの先ほど整理したドメインスキルをマーメイド記法で表した図4－4のようなコードブロックが表示されます。

このマーメイド記法で出力されたコードを図として見るには、専用のツールを使います。今回は多機能メモアプリ「Notion（ノーション）」を使用しましたが、マーメイド記法に対応するビューワーはさまざまありますので、お好きなツールを活用してください。

手順は、チャットGPTが出力したマーメイド記法のコードを、各ツールの所定の箇所にコードブロックごとコピー＆ペーストするだけです。簡単に図表化したスキルセットツリーマップを表示することができます。

なお、チャットGPTのような生成AIは、同じプロンプトを使っても出力するたびに結果が異なりますので、何度か試したり、プロンプトを微修正したりするなど試行錯誤して、自分に合っていると思った出力結果を使うといいでしょう。

いかがでしょうか。スキルセットツリーマップを見ると、営業と新規事業開発をやってきたAさんが過去に培ったドメインスキルは、職種別で分けると主に「営業／マーケティ

図4-5　チャットGPTが出力したコードを図表化したスキルセットツリーマップ(Aさん)

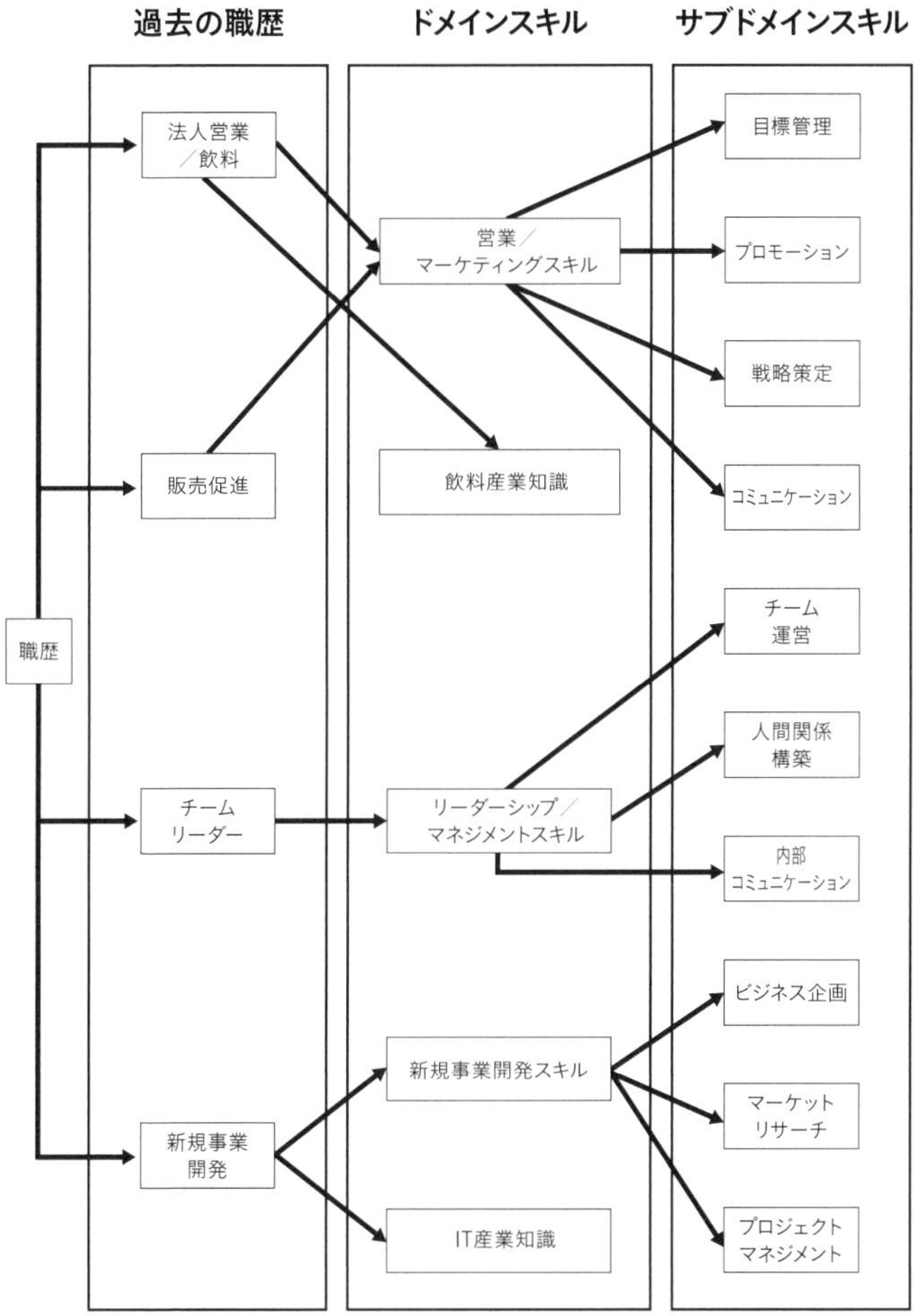

(※四角い囲みは著者追記)

ングスキル」と「新規事業開発スキル」に分けられ、また業界別では「飲料産業」と「ＩＴ産業」の知識もドメインスキルとして備わっていることがわかりました。

さらにそれらのドメインスキルを深掘りしてみると、営業／マーケティングスキルは、「目標管理」「プロモーション」「戦略策定」「コミュニケーション」という４つのサブドメインスキルに細分化できることがわかります。同様に新規事業開発スキルは、「ビジネス企画」「マーケットリサーチ」「プロジェクトマネジメント」というサブドメインスキルに細分化できます。

他にもＡさんはチームリーダーという職歴を持っています。それに対するドメインスキルは「リーダーシップ／マネジメントスキル」で、サブドメインスキルは「チーム運営」「人間関係構築」「内部コミュニケーション」というのがわかります。

一方で、飲料産業やＩＴ産業に関する知識のドメインスキルに関しては、サブドメインスキルへの広がりは提示されませんでした。

ここまで見ればわかると思いますが、チャットGPTの出力は完璧ではありませんし、網羅的でもありません。今回は「ＭＥＣＥ（ミーシー＝モレなくダブりなく）」と指示を出してはいますが、Ａさんはもっとたくさんのスキルを習得していたのではないか、と考える方もいるでしょう。

出力された結果は決してファイナルアンサーではありません。ですから、**チャットＧＰＴはあくまで壁打ちの相手**と心得ておきましょう。ゼロから自分の過去のスキルを棚卸しするのは大変だから、ゼロイチのところを手伝ってもらう。そのような位置づけで、参考として使うことをおすすめします。

そして、この**ツリーを見たときに自分がどう思うか**を大事にしてください。例えば、私がＡさんだったとします。もし営業関連の業務として契約に関する交渉なども行ってきたのであれば、「契約交渉」というサブドメインスキルを追加すると思います。

また、チャットＧＰＴはマーケティングスキルのサブドメインスキルにプロモーションを挙げていますが、より具体化したいと考えます。飲料メーカーのマーケティング担当者として、小売店側の担当者と店舗内のショッパーマーケティングを企画した経験があるのなら、「プロモーション→ショッパーマーケティング」というサブドメインスキルを付け足し、サブドメインスキルの部分をダブルにすることもできると思います。

このようにツリー構造にすることで過去の仕事内容を見渡すことができ、かつ細分化できます。抽象的な役職名を具体的なスキル名に転換させることができるのが、スキルセットツリーマップの特徴です。ぜひ、チャットGPTを活用して、自分が過去に行ってきた仕事と向き合ってみてください。

このスキルセットツリーマップはキャリアの振り返りだけでなく、スパイクスキルの獲得、未来のキャリアプランニングにも有効です。これまでの経験をベースに次に磨くべきスキルや知識を明確化します。その新しいスキルや知識を掛け合わせることで、より強固なキャリアを形成するきっかけを得ることができます。

次の章ではこのAさんに対して、スパイクスキルのおすすめを、チャットGPTに提案してもらう方法を紹介します。

ＩＴ部門で働きフリーとして独立したＢさんの場合

続いて、企業のＩＴ部門でシステムエンジニアとして働き、現在はフリーランスのＩＴコンサルタントとして活躍するＢさんについても、そのスキルを分解してみましょう。

Ｂさんは、長年にわたるＩＴ業界での経験を生かし、とくにシステム開発やサイバーセキュリティー、ＡＩを利用したシステム開発に関する知識を使って、中小企業のデジタルトランスフォーメーション（ＤＸ）を支援しています。

チャットＧＰＴへのプロンプトはＡさんのときと同様に、最初に「仕事における経験やスキルについてまとめたいと思います」と宣言し、その後、「役職」と「職歴」「条件」を入れます。

役職は「システムエンジニア」「プロジェクトリーダー」「部門マネジャー」など具体的ですから入力しやすいでしょう。職歴は簡単な履歴書を書く感覚で「大手ＩＴ企業にて10年勤める」「サイバーセキュリティー部門に移籍し、企業全体のセキュリティー強化を推進」「部門内のマネジャーとして、チームの業務効率を上げるための工程改善を行う」など、やってきたことを簡潔に並べれば大丈夫です。

その結果、次のページのようになりました。

【チャットGPTへの指示】
Bさんのドメインスキルを棚卸しするプロンプト

仕事における経験やスキルについてまとめたいと思います。

#役職
・システムエンジニア
・プロジェクトリーダー
・部門マネジャー
・フリーランスITコンサルタント

#職歴
・大手IT企業にて10年勤める
・システム開発部門に所属し、複数のプロジェクトをリード
・ユーザーインターフェース設計に専門を置き、数多くの新規開発に関わる
・サイバーセキュリティー部門に移籍し、企業全体のセキュリティー強化を推進
・部門内のマネジャーとして、チームの業務効率を上げるための工程改善を行う
・AIを活用したセキュリティーシステムの開発プロジェクトをけん引
・国内外のセキュリティーカンファレンスに参加し、最新の情報をキャッチアップ
・フリーランスとしてITコンサルタント活動を行う
・中小企業のデジタルトランスフォーメーションを支援

#条件
役職や職歴から得られた具体的なスキルをMECEに因数分解して出力してください。

【チャットGPTの出力結果】Bさんのドメインスキル

1. 技術スキル
システム開発
・プログラミング言語スキル:使用した言語や開発環境による
・UI/UXデザイン:ユーザーエクスペリエンスの設計と改善
・システムアーキテクチャー:システム全体の設計と構造化
AI技術
・AIアルゴリズム理解:適用したAIアルゴリズムの理解と実装
・データ管理:データの前処理、クリーニング、および分析
サイバーセキュリティー
・サイバーセキュリティー基礎:セキュリティーの基本原則と対策
・セキュリティーポリシー策定:企業のセキュリティーポリシーの策定と強化

2. マネジメントスキル
プロジェクトマネジメント
・プロジェクト計画:スコープ、コスト、時間の管理
・リスク管理:リスクの識別と対策
チームマネジメント
・チームビルディング:コミュニケーションと協力を促進
・パフォーマンス評価:メンバーのパフォーマンス管理と改善
外部関係者とのコミュニケーション
・ネットワーキング:関係者との関係構築と維持
・情報収集:最新の業界情報の収集と分析

3. コンサルティングスキル
ITコンサルタントとしての経験
・IT戦略策定:IT戦略の策定と実行
・デジタルトランスフォーメーション:ビジネスプロセスのデジタル化支援
・ビジネス要件分析:顧客のビジネス要件の理解と解決策の提案

この結果を基に、Ａさんの場合と同じくチャットＧＰＴにマーメイド記法のコードブロックを出力するよう指示します。そして、マーメイド記法に対応したビューワーで図表化すると、**図４－６**のようなスキルセットツリーマップが出力されました。

前述のようにＢさんは元エンジニアで、現在はフリーランスでＩＴコンサルタントをしています。スキルセットツリーマップを見ると、ドメインスキルに「システム開発」「ＡＩ技術」「サイバーセキュリティー」といった具体的な技術的スキルが示されました。また、ＩＴコンサルティングという職歴から導き出されるドメインスキルとして、「ＩＴ戦略策定」や「デジタルトランスフォーメーション」、クライアントのニーズを聞き出して要件定義などを行う「ビジネス要件分析」などが挙げられています。

チャットＧＰＴの出力結果を見ると、システムエンジニアという職歴に基づくドメインスキル、そしてサブドメインスキルを提示するのは得意なように思われます。しかしその半面、ＩＴコンサルティングという幅広いスキルセットが求められる職歴に対しては、ドメインスキルやサブドメインスキルへの細分化作業は、それほど得意ではない印象を持た

図4-6　チャットGPTが出力したコードを図表化したスキルセットツリーマップ(Bさん)

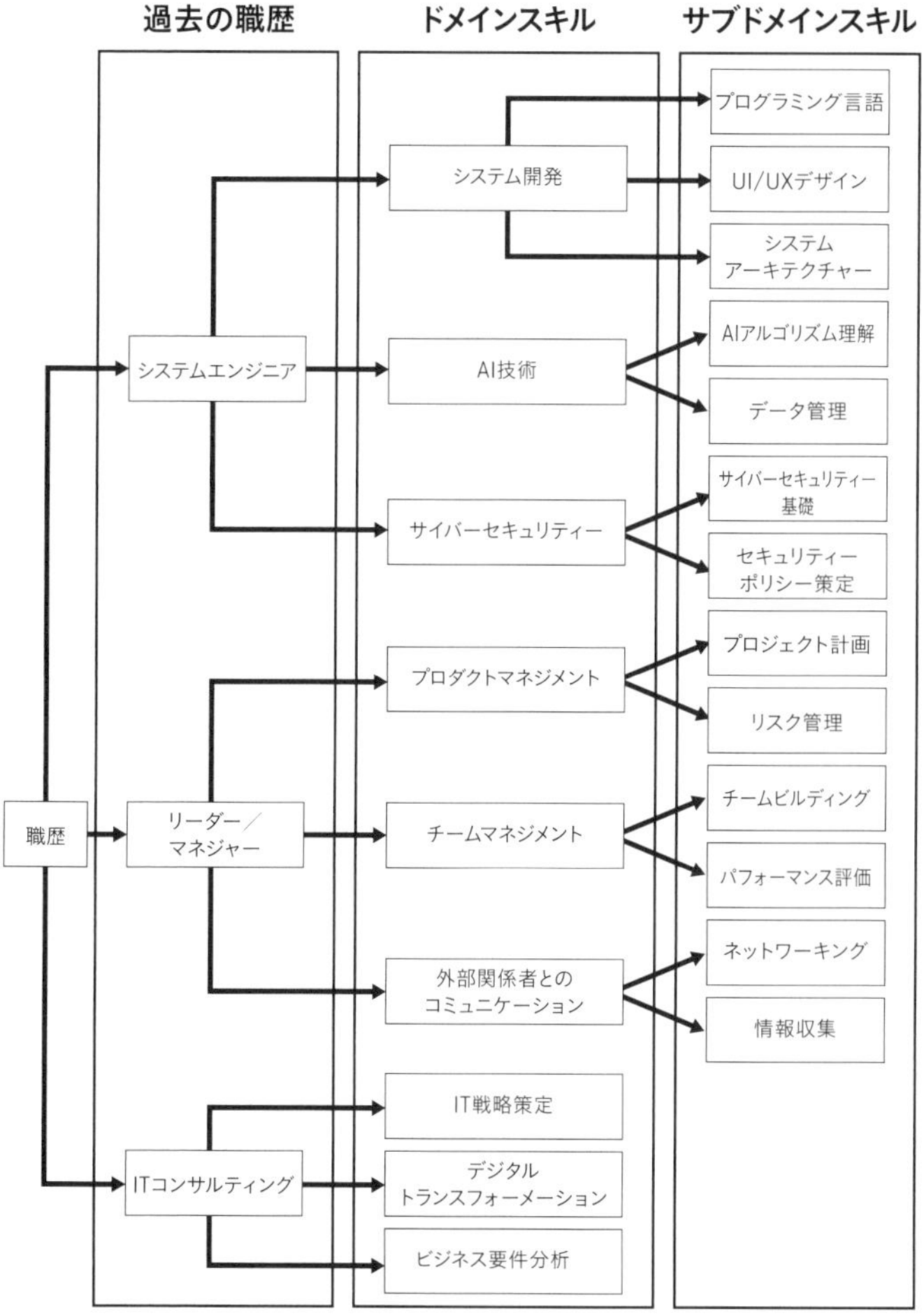

れるかもしれません。

実際にITコンサルタントという仕事は、システムエンジニアよりも抽象的で多義的な名称といえます。そのため、ドメインスキルの定義が難しいのは、納得がいくところかと思います。チャットGPTの出力結果を見ても、「コンサルティング」という単語に基づいた「ビジネス要件分析」と、「IT」という単語に基づいた「デジタルトランスフォーメーション」、さらに両方の単語から導き出したような「IT戦略策定」などを挙げており、他にもさまざまなドメインスキルを考え得る余地があるのがうかがえます。一方で、「中小企業支援」というキーワードに反応がなかったのも興味深いですね。

例えば、フリーランスでITコンサルタントとして活躍したい場合、次のようなドメインスキルも必要となるでしょう。

- **新規顧客開拓や営業**
- **デジタルマーケティング（自分のウェブサイトを運営してSEOやSNSなどで新規顧客開拓をしている場合）**
- **クライアントコミュニケーション**

・中小企業経営支援
・プレゼンテーション
・財務、税務、労務、その他個人事業主として必要なビジネスの知識

このように、チャットGPTの出力結果をうのみにせず、どこが比較的網羅されていて、どこが網羅されていないかといったことを総合的に考慮しながら、自分のスキルセットの棚卸しをするのがコツです。ドメインスキルの棚卸しができたBさんが、どのようなスパイクスキルを組み合わせるとよいかは、次の章で見ていきます。

工場勤務一筋25年のベテランCさんの場合

これまではホワイトカラーの職業を例に解説してきましたが、それとは異なるＣさんのケースを見てみましょう。Ｃさんは、自動車メーカーの二次下請けの部品工場に勤める25年のベテラン従業員です。製造現場でキャリアをスタートし、現場のリーダーとして活躍しています。

チャットＧＰＴへの最初のプロンプトは、これまでと同様「仕事における経験やスキルについてまとめたいと思います」と定義した後、「役職」と「職歴」「条件」を入れます。役職は「工場労働者」「班長」「製造ラインリーダー」。続く職歴には、「自動車メーカーの二次下請けの部品工場に入社」「新入社員研修を経て製造現場の一員としてキャリアスタート」「経験が認められ、班長、リーダーへと昇進。チームメンバーの指導や育成を行う」「作業効率化や生産目標達成といったプロジェクトの推進、管理」といったように、箇条書きで簡潔に記入していきます。

Ｃさんのドメインスキルを棚卸しする際のプロンプトの例は次のページに、さらにチャットＧＰＴが出力した結果を１０２ページに示しました。

【チャットGPTへの指示】
Cさんのドメインスキルを棚卸しするプロンプト

仕事における経験やスキルについてまとめたいと思います。

#役職
・工場労働者
・班長
・製造ラインリーダー

#職歴
・自動車メーカーの二次下請けの部品工場に入社
・新入社員研修を経て製造現場の一員としてキャリアスタート
・初期段階では第一線の作業員として製造業務を担当
・業務知識とスキルを磨きつつ、作業効率化や問題解決能力を身に付ける
・経験が認められ、班長、リーダーへと昇進。チームメンバーの指導や育成を行う
・作業効率化や生産目標達成といったプロジェクトの推進、管理

#条件
役職や職歴から得られた具体的なスキルをMECEに因数分解して出力してください。

【チャットGPTの出力結果】Cさんのドメインスキル

1. 技術的スキル:
工場労働者としての基本的な技術
・特定の部品の製造に関連する技術知識と操作スキル
・安全な作業環境の維持に対する理解とスキル
効率化のスキル
・作業効率の最適化や問題解決能力
・プロジェクト管理と進行に関する経験とスキル

2. 管理的スキル:
チームマネジメント
・チームリーダーとしての指導スキル
・メンバーの育成と能力開発に対する経験とスキル
生産目標管理
・生産目標の達成に向けた戦略の計画と実行
・製造ラインの総合的な管理と調整

3. コミュニケーションスキル:
チーム内コミュニケーション
・チーム内での意思疎通と情報共有のスキル
上位管理者とのコミュニケーション
・上位管理者に対する報告、提案、交渉スキル今回もこの結果を基に、チャットＧＰＴにマーメイド記法のコードブロックを出力するよう指示します。そして、マーメイド記法に対応したビューワーで図表化すると、**図4－7**のようなスキルセットツリーマップが出力されました。

Ｃさんは、工場勤務一筋で現場経験が長いので、ドメインスキルとして「工場労働者としての基本的な技術」や「効率化のスキル」が挙げられています。また、班長や製造ラインリーダーの経験から、「チームマネジメント」「生産目標管理」「チーム内コミュニケーション」「上位管理者とのコミュニケーション」などもスキルとして挙げられています。

ＡさんやＢさんのような職種と異なり、サブドメインスキルが「部品製造技術」や「工場機械操作スキル」といった抽象的な表現で出力されているのも特徴です。前述した通り、チャットＧＰＴの出力結果はあくまでも参考値です。出力結果を確認し、修正を加えながら自分のスキルセットの棚卸しをしましょう。

Ｃさんの場合、過去にＩＴやテクノロジーに関係する職歴がないため、このキャリアにどのようなスパイクスキルを掛け合わせれば拡張性が生まれるのか。そうした点にも期待が持てます。こちらも次の第５章で詳しく分析していきます。

図4-7　チャットGPTが出力したコードを図表化した
スキルセットツリーマップ（Cさん）

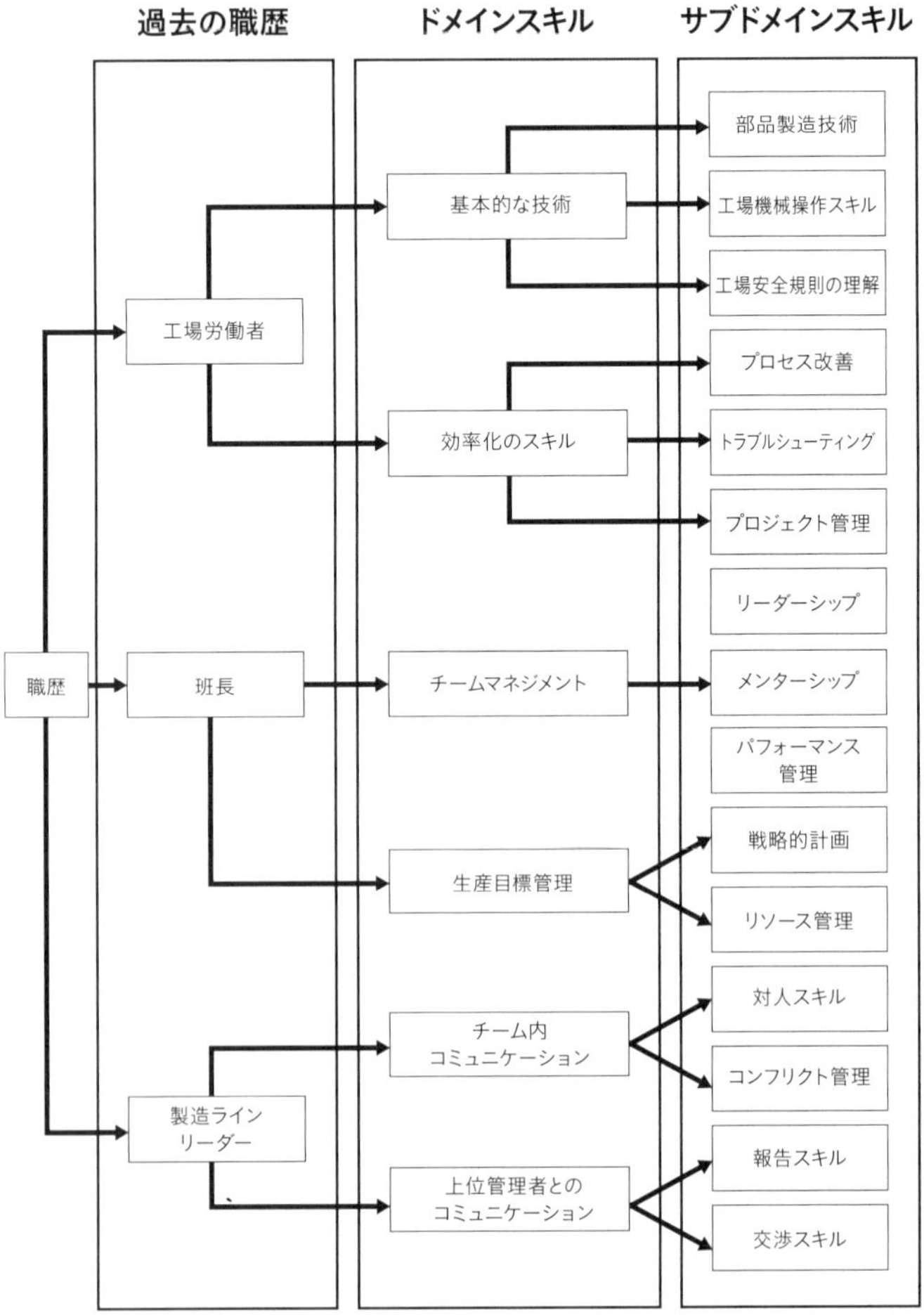

第5章

リスキリングステップ③

『A』
Analyze（your reskilling options）
スパイクスキルを何にすべきか分析する

LEARN+A

スパイクスキルは相乗効果を考える

次のステップは「**Analyze your reskilling options＝リスキリングする選択肢の分析**」です。自分のドメインスキルを整理したら、それらのスキルと相乗効果を生み出せるスキルを洗い出して分析しましょう。

新しくリスキリングで学ぶスキルは、π型人材の「π」の文字で考えると、向かって右脚の**スパイクスキル（とがったスキル）**になります。

まず大前提として、スパイクスキルを見つけるとき、つまりリスキリングをする際には、「自分の苦手な部分を埋める」という考え方をしないことです。自分の弱みを埋めたところで、それはただ穴が埋まるだけ。人材市場で飛び抜けることができず、どんぐりの背比べになってしまいます。平均点が取れる円い人間よりは、**何か人より優れたスキルを持つ「とがった人材」のほうが重宝されます。**相手の心に刺さり、印象に残る。それがスパイクスキルなのです。

私は日ごろから、パロアルトインサイトでたくさんの人を採用面接したり、その人たちのスキルを評価したりしています。応募者の中には「プログラミングを習ったので、プロ

図5-1　スパイクスキル

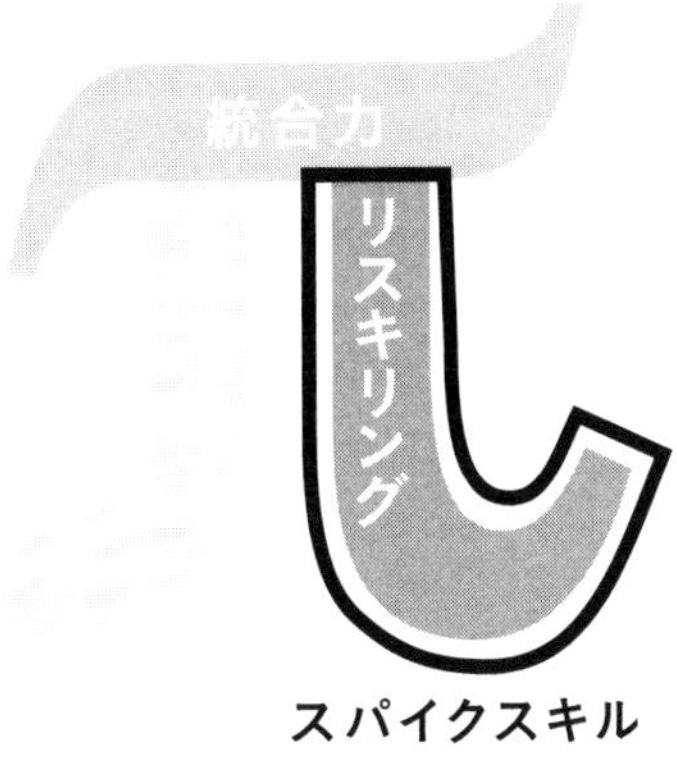

リスキリングで学ぶスパイクスキルは「π」の向かって右脚

グラマーで採用してください」という人もいます。しかしその場合、リスキリングで多少かじった程度のプログラミングスキルでは力不足です。プログラマーとしてそれなりのレベルでコードが書けないのであれば、採用することはできません。また、資格のように一見するとスキルを習得している証明書のようなものは、ないよりあったほうがよいことは間違いないのですが、それが採用の決め手になることはありません。

逆に、ある程度プログラミング言語が理解できるので、「プログラムマネジャーやプロジェクトマネジャーを志望します」というのであれば、話は違ってきます。

そうした職種の場合、むしろプログラミ

ング言語以上に磨かなくてはならないスキルがたくさんあります。例えばプロジェクト管理や、クライアントと円滑なコミュニケーションができるといったスキルです。それらのスキルを備えた上で、プログラミングについてもわかるということであれば、その人は重宝されるでしょう。

パロアルトインサイトであれば、「営業畑20年で、新規営業開拓が得意です。ＡＩ開発のプロジェクトに携わった経験があり、ＡＩのことも一通り勉強しました」と言われると、ぜひ話を聞いてみたいと思ったりします。

さらに言うと、すでにプロジェクトマネジメントやコミュニケーションのスキルが非常に高い人の場合、ＩＴスキルは教養レベルで十分という考え方もできます。プログラミングの考え方や開発コンセプトに対する理解を、教養として知っているだけでも、デジタル人材として活躍できる可能性があるからです。

ここまでの例で、目指すべきスパイクスキルについて、ある程度イメージできたかと思います。自分に足りない穴を埋めるのではなく、自分の強みをさらに高めるため、**「持ち前のスキルと相乗効果があるスキルを手に入れる」というのが、スパイクスキルを育む際に必要なリスキリングの考え方**です。

マイクロソフトの業績回復に大きく関わったサティア・ナデラCEOは、「Learn-it-all(何でも学ぶ)」の精神を推奨しています。これはひとつの分野を深く理解するよりも、さまざまな分野について〝学び続ける〟ことを重視するという考え方です。ナデラCEOはこの考え方を基に、低迷していたマイクロソフトの企業風土を変革し、組織全体と個々の従業員が継続的に学び、変化に適応する環境をつくったといいます。

第1章でも説明しましたが、リスキリングは足し算ではなく掛け算で考えます。**「1+1=2」にしかならないのであれば、学びの時間がもったいない。**穴を埋めるというのは、足し算的な思考だといえます。

足し算ではなく掛け算をする。例えば、今の自分の強みが顧客対応だとしたら、それと相性のいいプラスアルファのスキルを手に入れて、相乗効果を出すべきです。それができるからこそ、リスキリングはステップアップになるし、給料アップにもつながるわけです。

どのドメインスキルとスパイクスキルを組み合わせるか

では自分のドメインスキルに、どのようなスパイクスキルを組み合わせると効果的な掛け算になるのでしょうか。そこで本書では、ドメインスキルとスパイクスキルについて、その組み合わせを分析するのに便利な、**「『ドメイン』×『スパイク』スキルマッチングリスト」**をつくりました（**図5－2**参照）。これを基に、最適なスキルの掛け合わせについて見ていきましょう。

まず、ドメインスキルに関しては、

① **職種（ビジネス職・技術職）**
② **ソフトスキル**
③ **業界**

の側面で大きく3つに分けます。それぞれ詳しく説明しましょう。

■「スキルマッチングリスト」をダウンロード

図5-2「『ドメイン』×『スパイク』スキルマッチングリスト」など本書に登場する資料がダウンロードできます。本書と共にスキルの分析に生かしてください。

図5-2 「ドメイン」×「スパイク」スキルマッチングリスト

ドメインスキル

D1 職種

D1職種:ビジネス職
- 営業
- マーケティング
- 新規事業開発
- 総務
- 広報・PR
- 企画
- 人事
- 編集

など

D1.5職種:技術職
- システム開発
- システムエンジニア
- データサイエンティスト
- データアナリスト
- サイバーセキュリティー
- ネットワークエンジニア
- インフラエンジニア

など

D2 ソフトスキル
- プレゼンテーション
- コミュニケーション
- マネジメント
- チームリーダーシップ
- ネゴシエーション
- リモートワーク管理
- コーチング
- デザイン考案

など

D3 業界
- 金融業界
- IT業界
- マスコミ・出版業界
- 医療業界
- 法律業界
- エンターテインメント業界
- 不動産業界
- 教育業界
- 飲食業界

など

×

スパイクスキル

S1 IT技術
- 生成AI活用(ChatGPT)
- データ分析/表計(Excel)
- プロジェクト管理(Asana)
- グラフィックデザイン(Canva)
- データベース管理(MySQL PostgreSQL)
- データビジュアライゼーション(Tableau)
- Webデザイン・UXデザイン(Figma)
- プログラミング
- データ分析
- サイバーセキュリティー
- AI/機械学習
- データサイエンス

など

S2 ソフトスキル
- プレゼンテーション
- コミュニケーション
- マネジメント
- チームリーダーシップ
- ネゴシエーション
- リモートワーク管理
- コーチング
- デザイン考案

など

S3 知識・資格
- DX
- SDGs/ESG
- 知的財産
- 法律
- 行動経済学
- 心理学
- MBA
- 経済学
- 社会学

など

① 職種（ビジネス職・技術職）

D1（＝ドメインスキル1）は、いわゆる「文系職種」といわれるようなビジネス職です。営業、マーケティング、新規事業開発、総務、広報・PR、企画、人事、編集……などがこれに当たります。

D1・5（＝ドメインスキル1・5）は技術職で、いわゆる「理系職種」と考えていいでしょう。例えば、システム開発、システムエンジニア、データサイエンティスト、データアナリスト、サイバーセキュリティー、ネットワークエンジニア、インフラエンジニア……などの職種が考えられます。あえてビジネス職と技術職でドメインスキルを分けた理由は、ビジネス職にスパイクスキルを掛け合わせた場合と技術職に掛け合わせた場合で、その後の展開が大きく変わるからです。これに関しては後ほど説明します。

② ソフトスキル

D2（＝ドメインスキル2）のソフトスキルは、第4章で棚卸しした自分のツリーマップを参考にするといいでしょう。繰り返しになりますが、**ソフトスキルとは自分が持っている基礎的なスキル**を指します。例えば、プレゼンテーション、コミュニケーション、マネジメント、チームリーダーシップ、ネゴシエーション、リモートワーク管理、コーチング、デザイン思考……などがこれに当たります。

③ 業界

D3（＝ドメインスキル3）は、自分が所属していた業界を指します。

これらのドメインスキルに対して、掛け合わせるスパイクスキルも、

① ＩＴ技術
② ソフトスキル
③ 知識・資格

の３つに大きく分けます。それぞれ説明すると次のようになります。

① ＩＴ技術

S1（＝スパイクスキル1）はＩＴ技術です。今の時代、リスキリングをするに当たってＩＴ技術は最有力な選択肢といえます。とくに、これまでＩＴ関連のスキルを一切持って

いなかった人の場合、S1のスキルを掛け合わせることで、大きな相乗効果が期待できます。
IT関連のスキルには、チャットGPTのような生成AI技術や、プログラミング、データ分析など、さまざまな技術があります。習得に時間がかかるものもあれば、比較的短期間で習得できる技術もあります。リスキリングの難易度に関しては、第6章でも解説します。

② ソフトスキル

S2（＝スパイクスキル2）は**D2と同じソフトスキル**です。ドメインスキルで持っていなかったソフトスキルを掛け合わせることで、キャリアアップの可能性が生まれます。

③ 知識・資格

S3（＝スパイクスキル3）は**専門的な知識や資格**です。例えばDXの知識や、経済学、法律の知識などの他、SDGs（持続可能な開発目標）やESG（環境・社会・企業統治）に明るいことも、これからの時代に重宝されるでしょう。MBAの取得もここに入ります。S1同様、習得に時間がかかるものもあれば、書籍やポッドキャストなどを活用して、ある程度の素地を養うことができるものもあるでしょう。

これらのドメインスキルとスパイクスキルを掛け合わせた結果、期待できる4種類の成長パターンをまとめたのが次のページの「クアッドシナジースキルズ」の表（**図5-3**）です。

図5-3　クアッドシナジースキルズ
「ドメイン」×「スパイク」でつくる4つのキャリア成長パターン

① ドメイン強化型

		具体的な転身イメージ
D1×S1	= データドリブンな営業、マーケターへ	セールスアナリスト、データドリブンマーケター、DX推進室、経営企画、AIエンジニア、データサイエンティスト、AIビジネスデザイナー、ITプロジェクトマネジャー、プロダクトマネジャー、起業／独立、さらなる高付加価値化
D1.5×S1	= エンジニアとしてのさらなるスキルアップ	
D2×S1	= マネジメント×データドリブン	
D3×S2	= 業界の強みを軸に起業／転職／独立など差別化	

② 管理職キャリアアップ型

		具体的な転身イメージ
D1×S2	= 管理職への道まっしぐら	現職での昇格、昇進、転職でも優位性 コンサルティング／アドバイザリー業務のプロ
D2×S2	= ソフトスキルが強固なその道のプロへ	

③ ドメイン・スパイク共存型

		具体的な転身イメージ
D1.5×S2	= IT+マネジメントの強みでダブルメジャーに	CTO、VP of Engineeringなど技術チームのマネジメント S1スキルを生かした異動、類似業界での異職種転職など
D3×S1	= 類似業種へ転身、ミニトランスフォーメーション	

④ ドメイン・スパイクシナジー型

		具体的な転身イメージ
D1×S3	= 獲得した知識や資格を基に異動／転職／起業	ドメインと、新しい知識や資格となるスパイクを掛け合わせるマスター次第で未知なる可能性 DXコンサルタント、業界特化型の起業家、チーフダイバーシティーオフィサー、弁護士×会計士、金融業界に特化したコンサルタント
D1.5×S3	= 獲得した知識や資格を基に異動／転職／起業	
D2×S3	= マネジメント×業界知識	
D3×S3	= 総合スキル次第では未知なる可能性	

4つの成長パターン その① ドメイン強化型

さて、どのような掛け合わせでリスキリングを行うと、より高い成長につながるのでしょうか。それを考える際の手助けとなる、主な4つの成長パターンを見ていきましょう。

ひとつ目は、ドメイン強化型です。これまで持っていたスキルをさらにステップアップさせるような組み合わせがこれに当たります。組み合わせとしては、次のケースが考えられるでしょう。

【D1（職種：ビジネス職）×S1（IT技術）】

営業やマーケティングのスキルにITを組み合わせると、データドリブンな営業、マーケターへの道が開けます。セールスアナリスト、データドリブンマーケター、DX推進課、経営企画などへの転身がイメージできます。

【D1・5（職種：技術職）×S1（IT技術）】

もともと持っているITのドメインスキルを生かし、エンジニアとしてさらなるアップスキルを目指します。例えば、AIエンジニア、データサイエンティストなどへの転身が考えられます。

【D2（ソフトスキル）×S1（IT技術）】

これまでのソフトスキルにITスキルを組み合わせます。例えば、マネジメント能力にデータ解析などのスキルを掛け合わせることで、AIビジネスデザイナーや、ITプロジェクトマネジャー、会社にもよりますが、プロダクトマネジャーなどへの道が開けるかもしれません。

【D3（業界）×S2（ソフトスキル）】

自身が詳しい業界を強みにして、そこにソフトスキルを掛け合わせると差別化でき、起業したり転職したり独立したりといったキャリアパスが考えられるようになります。独立しないまでも、社内において高付加価値人材となれる可能性があります。

4つの成長パターン その② 管理職キャリアアップ型

2つ目は管理職へのキャリアアップ型です。この場合、リスキリングで強化するのは管理職に求められるソフトスキルになります。

【D1（職種：ビジネス職）×S2（ソフトスキル）】

もともとのドメインスキルにソフトスキルを掛け合わせることによって、管理職への道が開けます。現職での昇進、昇格を目指す人や、転職で優位性を持ちたいのなら、この組み合わせを考えてみるとよいでしょう。例えば、マーケティング部門で管理職に就きたい人などにおすすめの組み合わせです。

【D2（ソフトスキル）×S2（ソフトスキル）】

ソフトスキルをいくつも組み合わせるパターンです。この場合、幅広い視野を持つその道のプロになっていきます。コンサルティングやアドバイザリー業界などのプロフェッショナルといったキャリアパスが考えられるでしょう。

4つの成長パターン その③ ドメイン・スパイク共存型

３つ目は、ドメインスキルとスパイクスキル、双方を共存させるアプローチです。

【D1・5(職種：技術職)×S2(ソフトスキル)】

もともとのＩＴスキルに加え、マネジメントやチームリーダーシップなどのスキルを手に入れることで、ダブルメジャーな存在を目指します。この場合ＣＴＯ（最高技術責任者）や、エンジニアリング部門を統括するVP of Engineering（ＶＰｏＥ）など、技術チームを率いるマネジャーなどへの転身が考えられます。

【D3(業界)×S1(IT技術)】

強みを持った業界知識をベースにＩＴスキルをリスキリングすると、キャリアのミニトランスフォーメーションが可能になるかもしれません。類似業界での転職などが見えてきます。

4つの成長パターン その④ ドメイン・スパイクシナジー型

4つ目は、ドメインスキルに対し、新しい知識や資格などのスパイクスキルを掛け合わせて、シナジー効果を生み出すパターンです。

【D1（職種：ビジネス職）×S3（知識・資格）／D1・5（職種：技術職）×S3（知識・資格）】

こちらの組み合わせは、リスキリングで得た専門的な知識や資格などを生かし、後の章で説明する「マスタースキル」の力によって、いかようにもアップスキルできる可能性があります。異動、転職、起業などのキャリアパスも考えられるでしょう。

【D2（ソフトスキル）×S3（知識・資格）】

マネジメントなどのソフトスキルに、例えば業界知識を組み合わせた場合は、DXコンサルタントや業界特化型の起業家などの道が考えられます。ダイバーシティー（多様性）などに特化したリスキリングに成功すれば、チーフダイバーシティーオフィサーのようなポジションで働けるかもしれません。この場合も、組み合わせ次第で可能性は無限大です。

【D3(業界)×S3(知識・資格)】

少しイメージしにくいかもしれませんが、リスキリングによって何かに特化した分野の知識や資格を手に入れた場合は、例えば弁護士×会計士など、金融業界に特化した専門的な人材となり、独立するなどへのアップスキルが考えられます。

今回示した4つの成長パターンで全てを網羅できているわけではありませんが、自分のドメインスキルにどんなスパイクスキルを掛け合わせれば、どのような展望が見えるのかに関して参考になると思います。まずは先入観を手放して、さまざまな組み合わせを探ってみましょう。

営業職から事業開発職に転職したＡさんのスパイクスキル

自分のドメインスキルにどんなスパイクスキルを掛け合わせればいいか、少しずつイメージが湧いてきたでしょう。そこで、第４章で紹介した３人の事例を基に、再びチャットＧＰＴを使って、掛け合わせるべきスパイクスキルを提案してもらう手順について紹介します。最初は、大手飲料メーカーの営業部に８年間所属し、中堅企業に転職して４年たったＡさんの場合です。

第４章で作成したＡさんのドメインスキルセットのツリーマップは、**図5-4**のようになっていました。このドメインスキルを基に、リスキリングする場合におすすめのスパイクスキルをチャットＧＰＴに提案してもらいます。

チャットＧＰＴは、その名の通りチャット形式による会話の応酬が可能です。Ａさんのドメインスキルの出力結果に続ける形で、適切なプロンプトを入力すると、キャリアが開けるスパイクスキルのヒントを得ることができます。

今回入力したチャットＧＰＴへのプロンプトの例と、その出力結果を１２４〜１２５ペー

**図5-4　チャットGPTを使って作った
Aさんのドメインスキルのツリーマップ**

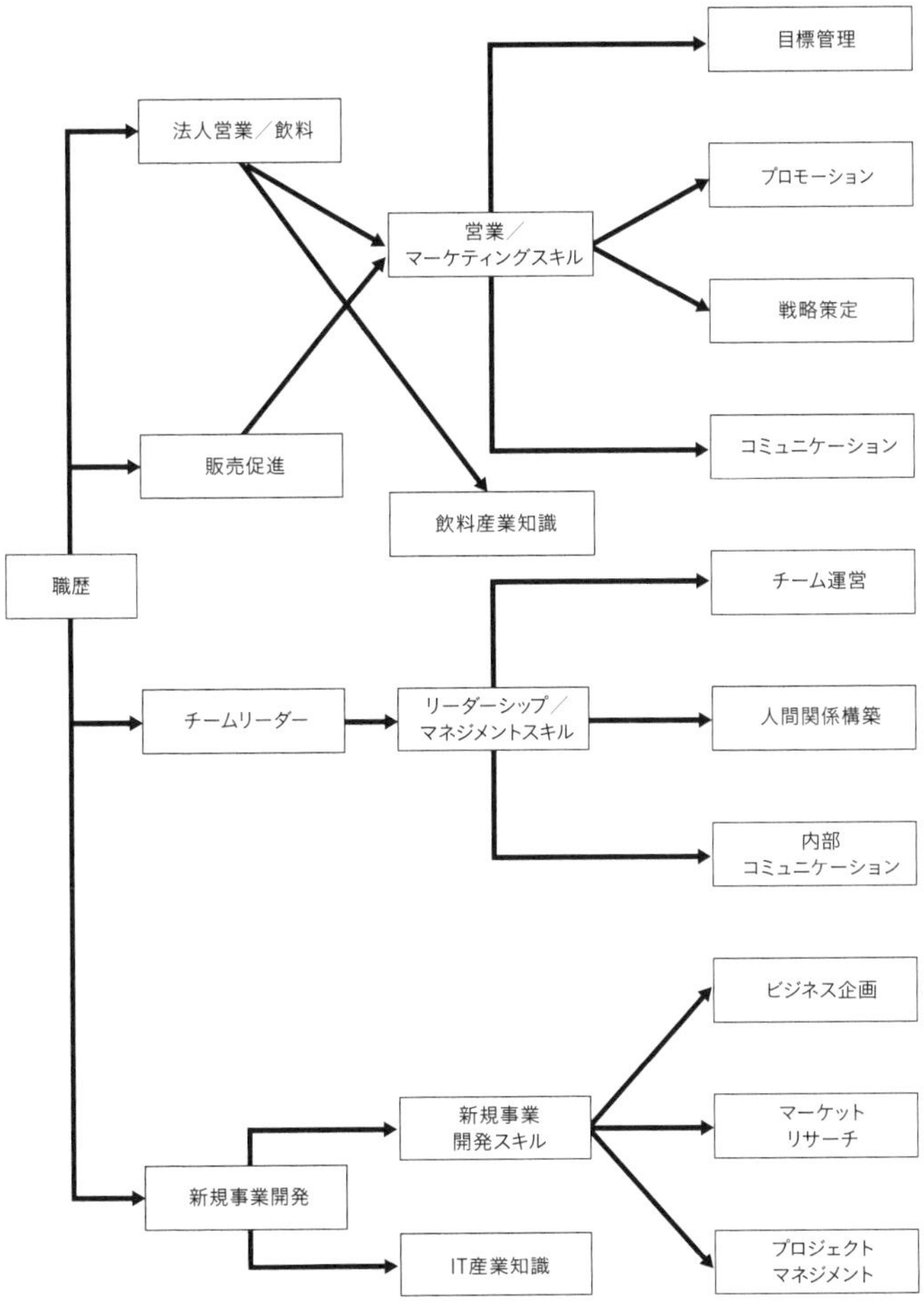

【チャットGPTへの指示】
Aさんのスパイクスキルを提案してもらうプロンプト

現在の職歴やドメインスキルからは大きく逸脱するが、掛け合わせることで新たな視点やアプローチをもたらす可能性のある異分野のスキルをなるべく数多く示してください。

【チャットGPTの出力結果】Aさんのスパイクスキル

それぞれのドメインスキルに対して、新たな視点やアプローチをもたらす可能性のある異分野のスキルを提案します。

1. 営業・マーケティングスキル

・データ分析:顧客の行動や市場のトレンドを理解し、より効果的な販売戦略を立案するためのスキル。
・UXデザイン:顧客の視点から製品やサービスを理解し、それに基づいて販売戦略を立案するためのスキル。

2. リーダーシップ・マネジメントスキル

・コーチング:チームメンバーの能力を最大限に引き出すためのスキル。
・チェンジマネジメント:組織の変革を導くためのスキル。

3. 新規事業開発スキル

・プログラミング:新規事業がテクノロジーに関連している場合、基本的なプログラミングスキルがあると役立つことがあります。
・デザイン思考:新規ビジネスのアイデアを形にするための創造的なアプローチ。

4. 産業知識

・環境サステナビリティ:飲料産業やIT産業は環境問題に対して直接的・間接的な影響を及ぼすため、サステナビリティの知識があると視野が広がる可能性があります。
・デジタルマーケティング:IT産業と飲料産業の両方でデジタルマーケティングの知識は非常に有用で、より広範な顧客層にアプローチすることが可能になります。

ジに示しました。

今回も第4章と同じく、この結果を基にチャットGPTにマーメイド記法のコードブロックを出力してもらいました。プロンプトは「この結果をフローチャートでまとめたいので、マーメイド記法で出力してください」です。そのコードを対応ビューワーで図表化すると、**図5-5**のようなスキルセットツリーマップが表示されました。

まずチャットGPTが、「1」の営業・マーケティングスキルに組み合わせると効果的だと提案した**「データ分析」**と**「UX(ユーザーエクスペリエンス)デザイン」**と

図5-5　チャットGPTを使って作った
Aさんのスパイクスキルのツリーマップ

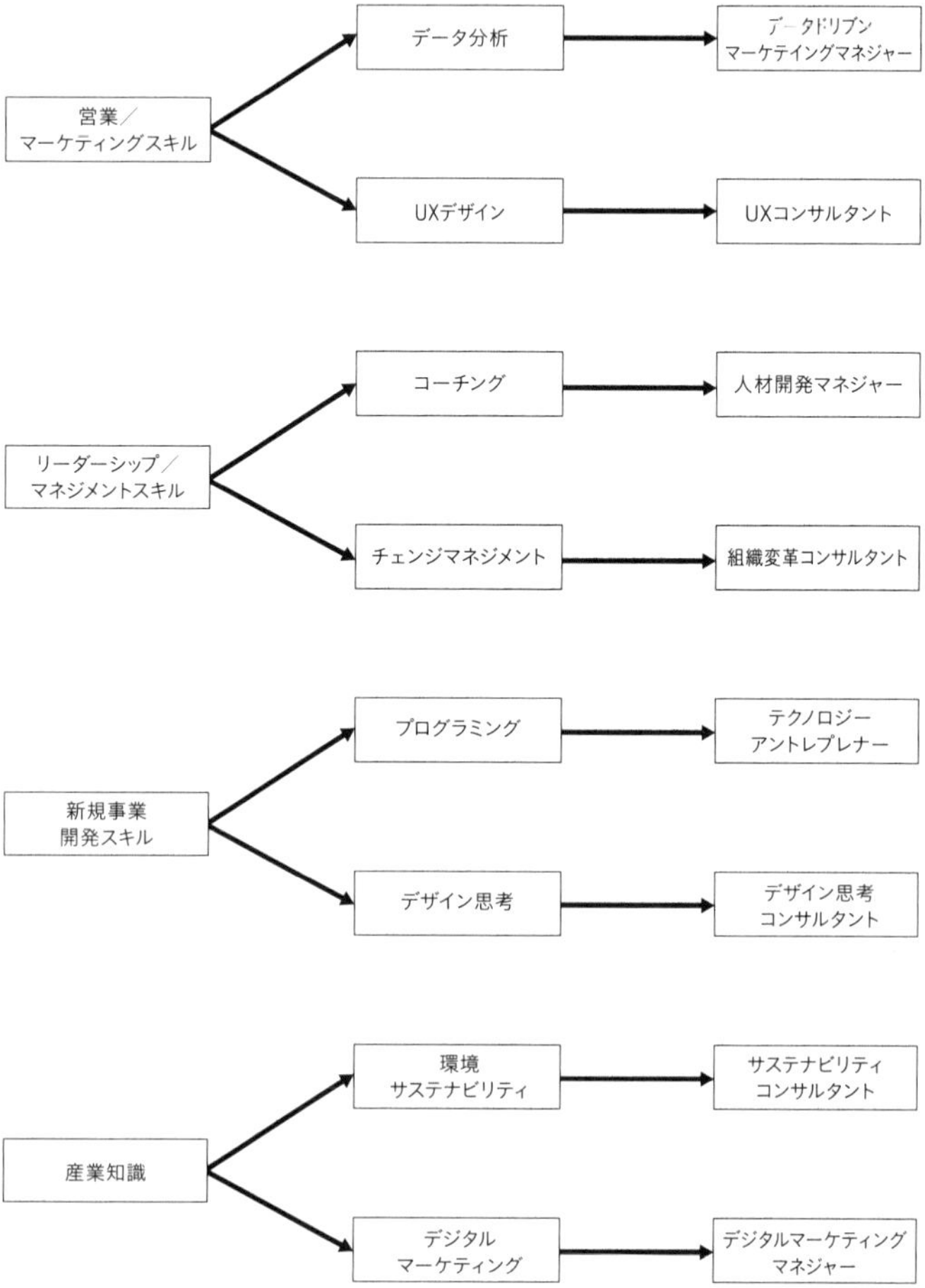

いう2つのスキルについて考えてみましょう。

「データ分析」は、顧客の行動や市場のトレンドについてデータを基に理解し、より効果的な販売戦略やプロモーション戦略などを立案するためのスキルなどです。

　また「ＵＸデザイン」は、顧客の視点から製品やサービスを理解し、それに基づいて効果的なユーザー体験を設計するためのスキルなどをいいます。

　もともと営業やマーケティングのようなＤ１（職種：ビジネス職）をドメインスキルとして持っているＡさんです。そこに、データ分析やＵＸデザインのようなＳ１（ＩＴ技術）のスパイクスキルを掛け合わせると、キャリアの可能性が広がるとチャットＧＰＴは推奨しています。具体的には、データ分析のスパイクスキルを掛け合わせることで、データを活用したマーケティングマネジャーの道が開ける可能性があるでしょう。

　ひとくちにマーケティングといっても、その業務は広告運用や価格感応度分析に基づく値段設定、ＬＴＶ分析、ウェブサイト分析など多岐に及びます。その際、効果検証を踏まえた上で結果を出したいのであれば、例えばＡＢテストを実施するなどデータドリブンに施策を進めることが不可欠です。そのようなデータ分析のスパイクスキルを掛け合わせれば、マーケターというドメインスキルを強化させる形でキャリアが発展していくということです。

一方、ＵＸデザインをスパイクスキルとして掛け合わせた場合は、例えば新しいウェブサイトやアプリをローンチする際に、最適なユーザー体験に基づいてリテンションやリターンレートなどを最大化させる具体的な提案をできるようになるでしょう。

マーケターとして理論的なことを知っているだけではなく、さらにデザインにまで落とし込む力があれば、デザインチームやエンジニアチームと連携して、プロダクト開発に携われるようになる可能性も生まれます。

プロダクトをデザインする段階からマーケティングの視点を取り入れ、どのようなデザインにすればユーザーに関する必要なデータが効率的に取得できるか、またユーザー体験を最適化できるかなど考えることは、非常に理にかなっています。このスパイクスキルの掛け合わせも合理的だといえます。

これら２つの掛け合わせは、先ほど説明した**成長パターン①の「ドメイン強化型（D１：職種／ビジネス職×S１：IT技術）」**に当たるでしょう。

では、ソフトスキルのリーダーシップというドメインスキル（D２：ソフトスキル）には、どんなスパイクスキルを掛け合わせればいいのでしょうか。チャットＧＰＴの提案を見ると、**「コーチング」**と**「チェンジマネジメント」**という2つのスパイクスキル（Ｓ２：ソフトスキル）が提案されました。「コーチング」はチームメンバーの能力を最大限に引き出すためのスキル。もうひとつの「チェンジマネジメント」は組織を変革に導くためのスキルになります。

チャットＧＰＴによると、チームリーダーの経験を持つＡさんは、そこで培ったリーダーシップのスキルにコーチングやチェンジマネジメントを掛け合わせると、キャリアが広がるということです。どういう意味か解釈してみたいと思います。

まず、コーチングをスパイクスキルとして掛け合わせることで、メンバー一人ひとりの能力を最大限に引き出すリーダーになることができます。結果的に人材開発マネジャーなど、人事のプロとしての道が開けると示唆されています。

チェンジマネジメントというスパイクスキルを掛け合わせることについても考えてみましょう。この場合、ＤＸのような大きな変革を行わなければならない組織の中で、従業員に対してどのような役割を与えるべきか、どんなコミュニケーションを取って円滑に変革を推進するかといったことを戦略的に考え、実行できるマネジメント層の人間になれることを示唆していると解釈できます。その結果、組織変革コンサルタントという形で独立することも可能になるのです。

こちらの２つのケースは、**成長パターンの②「管理職キャリアアップ型（Ｄ２：ソフトスキル×Ｓ２：ソフトスキル）」**に当たるでしょう。

では、最後に出てきたＡさんのドメインスキルである産業知識（Ｄ３：業界）に関して、何を掛け合わせればいいとチャットＧＰＴは提案しているでしょうか。

Ａさんは飲料業界やＩＴ業界の経験があるので、２つの業界知識に、例えば環境サステナビリティ、いわゆるＳＤＧｓやＥＳＧの知識や資格などを掛け合わせることで、飲料業界、そしてその類似業界でもある食品業界や小売業界などでのＳＤＧｓ戦略推進などのポジションを狙えるようになります。最終的には欧米企業で注目されている、チーフサステナビリティオフィサーなどのポジションも狙えるかもしれません。

また、飲料業界の知識にデジタルマーケティングのスパイクスキルを掛け合わせることで、業界内で異なる職種への転職も可能になります。併せて類似業界での異なる職種（例：飲料業界の営業から、小売業界のデジタルマーケターなど）への転職なども可能になるのではないでしょうか。

これら２つのケースは、**成長パターン④の「ドメイン・スパイクシナジー型（Ｄ３：業界×Ｓ３：知識・資格）」**または**成長パターン③の「ドメイン・スパイク共存型（Ｄ３：業界×Ｓ１：ＩＴ技術）」**に当たります。

このように、Ａさんの経験ひとつを取っても、より「ハードスキル寄りの職種に関連するドメインスキル」、より「ソフトスキル寄りのコミュニケーションやマネジメントスキル」、そして「業界に関する知識や経験」という３タイプのドメインスキルに分かれることがわかります。そして各ドメインスキルのタイプに対し、掛け合わせるスパイクスキルのタイプによって、その後の発展性や可能性の幅が変わってくることがイメージできたかと思います。

また、チャットＧＰＴの出力結果からみなさんも感じたはずですが、この組み合わせはあくまで一例にすぎません。とくに産業知識という３つ目のドメインスキルには、さまざまなスパイクスキルを掛け合わせることができます。なおかつ、その結果生まれる相乗効果も、未知数だといえるでしょう。自分の強みと、今後市場で必要とされそうなスキルを把握して、いろいろな掛け算を考えるのも楽しさのひとつではないかと思います。

ＩＴ部門で働きフリーとして独立したＢさんのスパイクスキル

続いて、企業のＩＴ部門でシステムエンジニアとして働いていた経験を生かし、現在はフリーランスのＩＴコンサルタントとして働くＢさんについても、どのようなスパイクスキルを選択すればいいのか、チャットＧＰＴを使って壁打ちをしてみましょう。

第４章でＢさんのドメインスキルは、**図５－６**のようなツリーマップで表現されていました。

これらのドメインスキルとは異なる、おすすめのスパイクスキルを、チャットＧＰＴに提案してもらいます。プロンプトはＡさんと同じです。

それでは、チャットＧＰＴがＢさんに提示したスパイクスキルを見てみましょう。チャットＧＰＴに入力したプロンプトと、出力されたスパイクスキルの結果を１３４～１３５ページに示しました。

さらにその結果を基に、Ａさんと同様にスキルセットツリーマップを作成しました。そちらは１３６ページに示してあります（**図５－７**参照）。

図5-6　チャットGPTを使って作った
Bさんのドメインスキルのツリーマップ

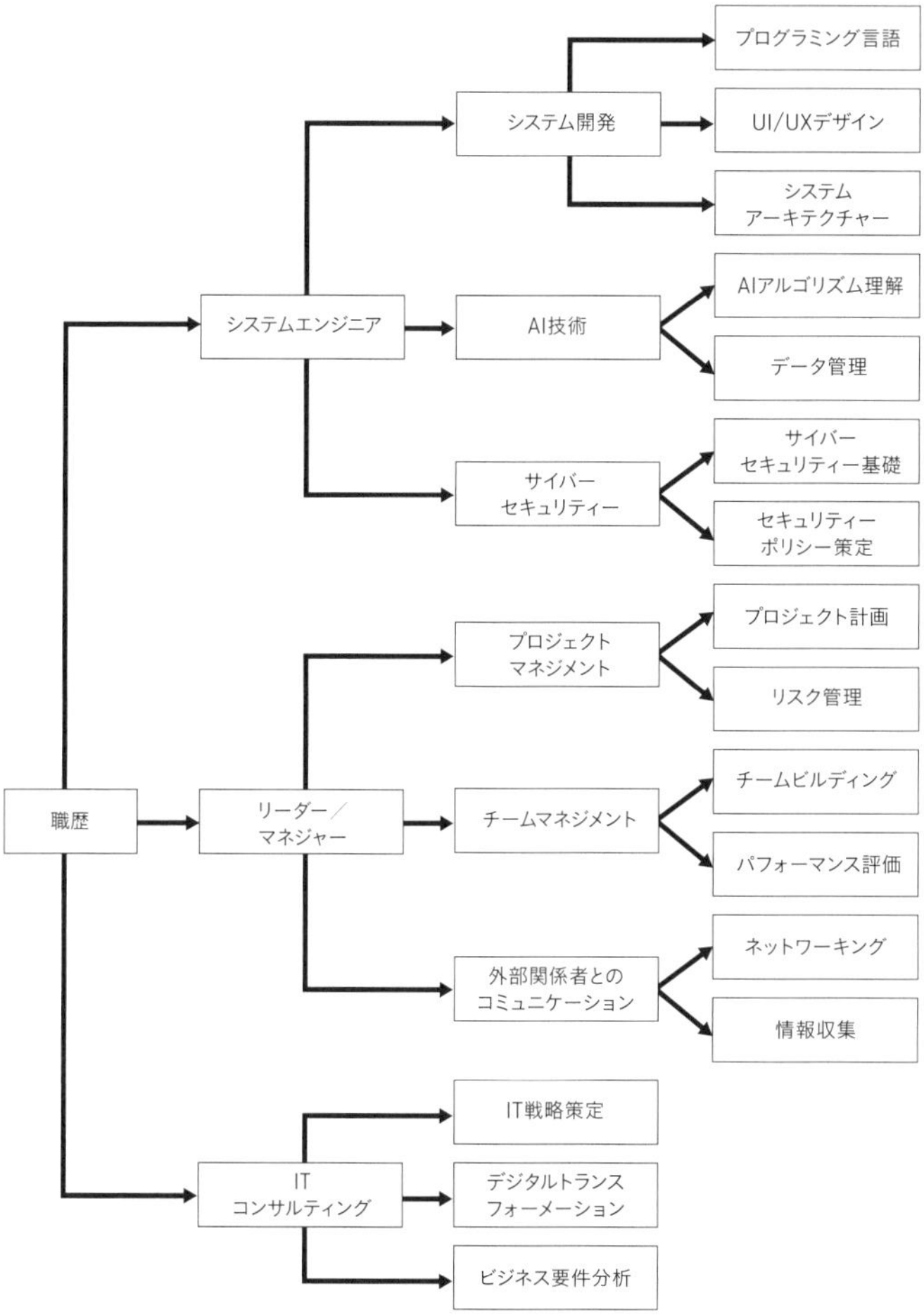

【チャットGPTへの指示】
Bさんのスパイクスキルを提案してもらうプロンプト

> 現在の職歴やドメインスキルからは大きく逸脱するが、掛け合わせることで新たな視点やアプローチをもたらす可能性のある異分野のスキルをなるべく数多く示してください。

【チャットGPTの出力結果】Bさんのスパイクスキル

1. 技術スキル

・バイオインフォマティクス:生物学と情報科学の交差点に立つこのスキルは、とくにAIと結び付いたときに新たな視点やアプローチをもたらす可能性があります。

・データビジュアライゼーション:データを視覚的に表現する能力は、複雑な情報をわかりやすく伝えるために重要です。これはプロジェクト管理、ITコンサルティング、UI設計など、あらゆる分野で役立ちます。

2. マネジメントスキル

・サステナビリティ管理:環境的、社会的影響への配慮や持続可能なビジネスモデルへの移行が必要とされる現代において、サステナビリティマネジメントは重要な視点となります。

・リモートワークマネジメント:リモート環境で効率的に働くスキルとチームを管理する能力は、現代の働き方に対応するために必要となります。

3. コンサルティングスキル

・知的財産管理:特許、商標、著作権など、知的財産の保護と管理は、とくに技術企業にとっては重要な視点となります。
・行動経済学:人間の非合理的な行動を理解し、それに基づく予測を行うこのスキルは、ビジネス戦略の策定や、ユーザーエクスペリエンスの設計に新たな視点を提供します。

図5-7　チャットGPTを使って作った
Bさんのスパイクスキルのツリーマップ

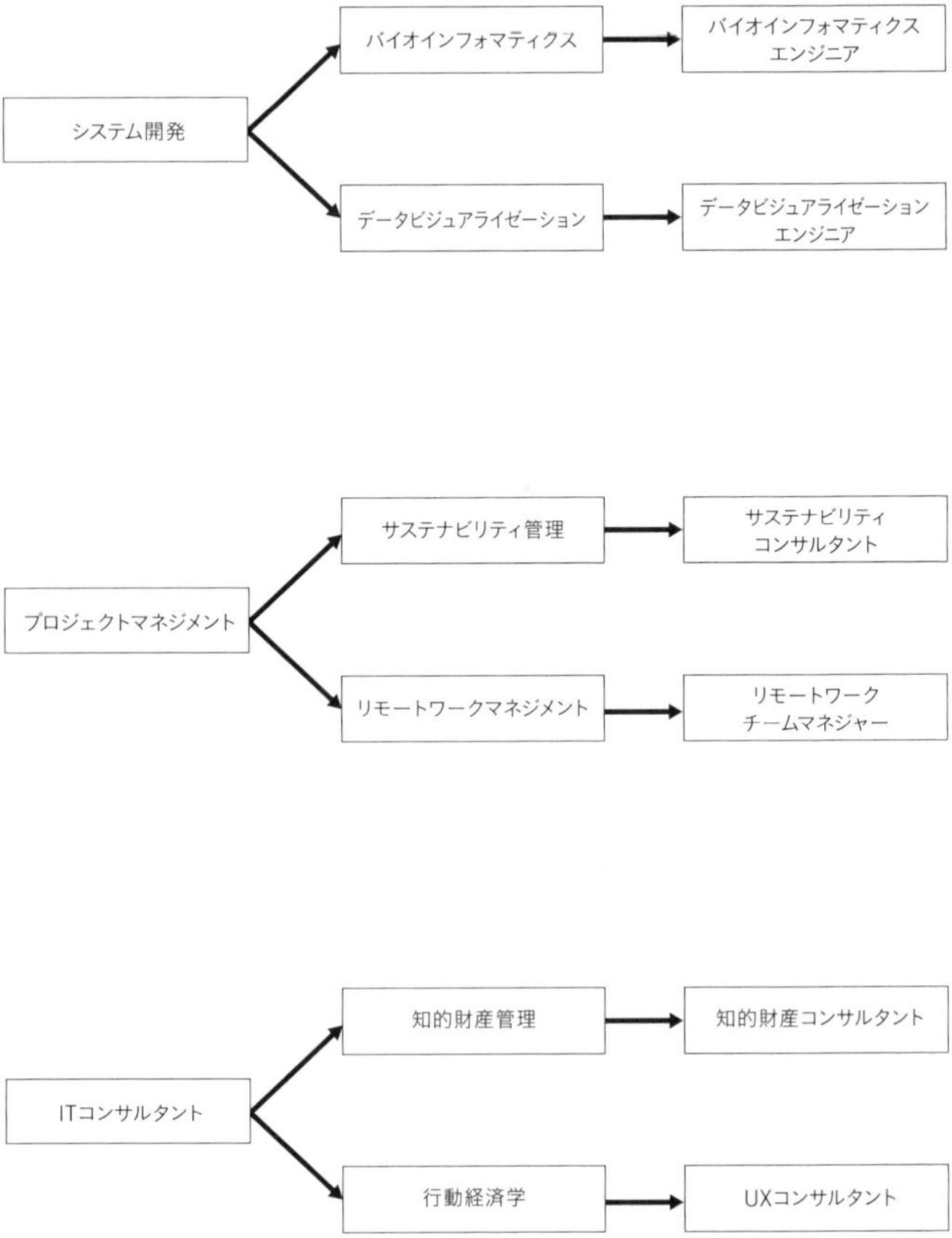

Bさんはシステム開発の経験（D1・5：職種／技術職）があるので、そこに**「データビジュアライゼーション」**の技術（S1：IT技術）をスパイクスキルとして掛け合わせることで、データビジュアライゼーションエンジニアとしての道が開けるという結果になりました。これは、**成長パターン①「ドメイン強化型（D1・5：職種／技術職×S1：IT技術）」**に当たります。

データビジュアライゼーションエンジニアとは聞き慣れない役職名かもしれません。ですが、ニューヨーク・タイムズやネットフリックス、アップルなど、データを視覚的、効果的に見せることに力を入れている企業で求められている役職です。

ネットフリックスやアップルでデータビジュアライゼーションエンジニアとして活躍した後、スタートアップでチーフイノベーションオフィサーを務めている人もいます。

具体的にはデータ分析をする技術力と、視覚的にわかりやすく見せるためのフロントエンドの技術力、そしてUI（ユーザーインターフェース）設計などのデザイン力が何よりも大事とされています。デザインセンスがありながら、フロントエンドの技術力もあり、データの可視化までこなせるような能力の持ち主は、そう多くはいないでしょう。今後、より需要が増すと考えられます。

興味深いところでは、ITコンサルタントとして独立起業しているBさんの背景（D1・5：職種／技術職およびD3：業界）から、**「知的財産管理」**のような具体的な知識や資格（S3：知識・資格）を掛け合わせることが推奨されたことです。ITコンサルティングの一環として知的財産に関するアドバイスやサービスの展開が可能になると、チャットGPTは出力しています。

このような結果は、唐突で意外だと思う方がいるかもしれません。チャットGPTの出力結果に対しては、「なぜそのような出力をしたか」の説明がなされないこともあります。そのためチャットGPTを使いこなすユーザー側は、情報源のひとつとして参考程度に受け止める姿勢が常に求められます。

しかし、唐突に思える出力こそ、自分がひとりで考えていても思い浮かばなかったような選択肢ともいえます。**チャットGPTの出力結果をエラーとして捉えるのではなく、ポジティブな新しい視点として捉えられるかどうか**も、チャットGPTとうまく付き合っていくためのスキルのひとつといえます。

工場勤務一筋25年のベテランCさんのスパイクスキル

最後に、自動車メーカーの二次下請けの部品工場に勤める25年のベテラン従業員、Cさんの事例を見てみましょう。CさんにはＩＴ関連のスキルはありませんが、それだけにさまざまなスパイクスキルの可能性が考えられそうです。

第４章で作成したCさんのドメインスキルは、**図5-8**のようなツリーマップで表現されていました

これらのドメインスキルとは異なる、おすすめのスパイクスキルを、チャットＧＰＴに提案してもらいます。プロンプトはAさん、Bさんと同じです。

それでは、チャットＧＰＴがCさんに提示したスパイクスキルを見てみましょう。チャットＧＰＴに入力したプロンプトと、出力されたスパイクスキルの結果を１４１〜１４２ページに示しました。

さらにその結果を基に、Aさん、Bさんと同様にスキルセットツリーマップを作成しました。そちらは１４３ページに示してあります（**図5-9**参照）。

図5-8　チャットGPTを使って作った
Cさんのドメインスキルのツリーマップ

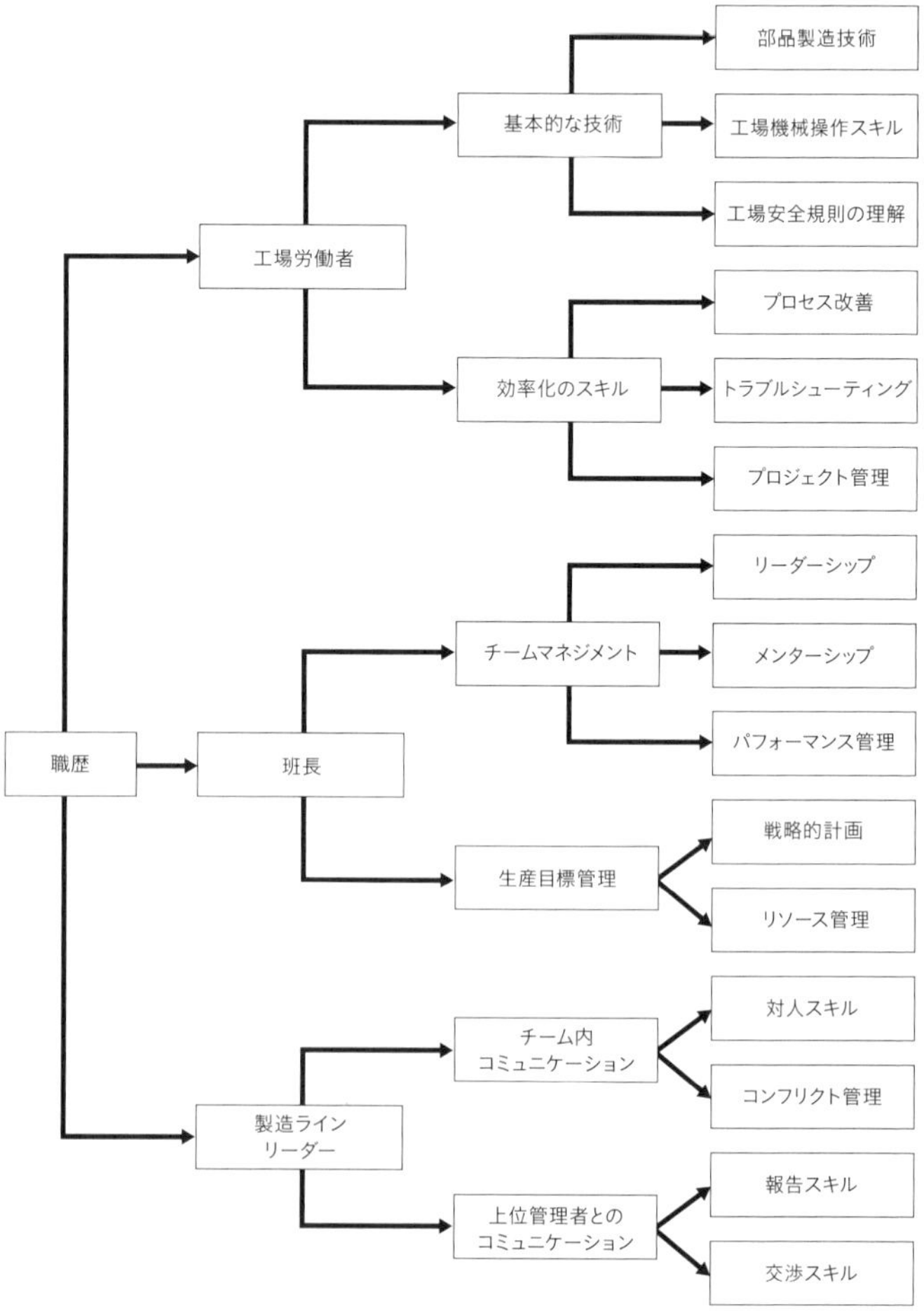

【チャットGPTへの指示】
Cさんのスパイクスキルを提案してもらうプロンプト

現在の職歴やドメインスキルからは大きく逸脱するが、掛け合わせることで新たな視点やアプローチをもたらす可能性のある異分野のスキルをなるべく数多く示してください。

【チャットGPTの出力結果】Cさんのスパイクスキル

1. 統計学
データを理解し、その中から有意なパターンを見つけるための統計的手法を学ぶことができます。

2. プログラミング
これらの言語はデータ分析で広く使用されています。これらを学ぶことで、生産データをより深く理解し、予測分析や最適化を行う能力が身に付きます。

3. エンパシーマッピング
エンドユーザーやチームメンバーの視点を理解し、それを解決策の開発に活用するための技術。

4. プロトタイピング
新しいアイデアや改善策を具体化し、迅速に検証する手法。チームの問題解決能力を向上させ、新しい視点で作業プロセスを見直すのに役立つでしょう。

5. サプライチェーン管理
製造業の一部として、製品の需給のバランスを管理するスキルは非常に重要です。

6. リーン製造
これらの原則や手法を理解することで、製造プロセスの効率化や品質改善に対する深い洞察を得ることができます。

7. 産業エンジニアリングの知識
産業エンジニアリングの基本的な理解を持つことで、生産システムや作業効率、人間工学などの観点から工場の運営を最適化するための新たな手法を探求することができます。

8. IoT(Internet of Things)の知識
これらの知識は、製造現場のデジタル化や自動化の推進に寄与します。

9. データサイエンスと機械学習
製造業はますますデータドリブンになってきています。大量の生産データから洞察を得る能力は、業務の効率化、品質の向上、コストの削減に大いに役立ちます。

10. ロボティクスと自動化
製造業では、ロボットや自動化システムの導入が進んでいます。これらの技術を理解し、適切に運用する能力は、業務の効率化と生産性の向上に寄与します。

11. ビジネス分析と戦略立案
製造業でもビジネス全体の視点を持つことが重要です。市場動向の理解、競争分析、戦略的計画などのビジネス分析スキルは、経営陣とのコミュニケーションや高い役職への昇進に役立つでしょう。

図5-9　チャットGPTを使って作った Cさんのスパイクスキルのツリーマップ

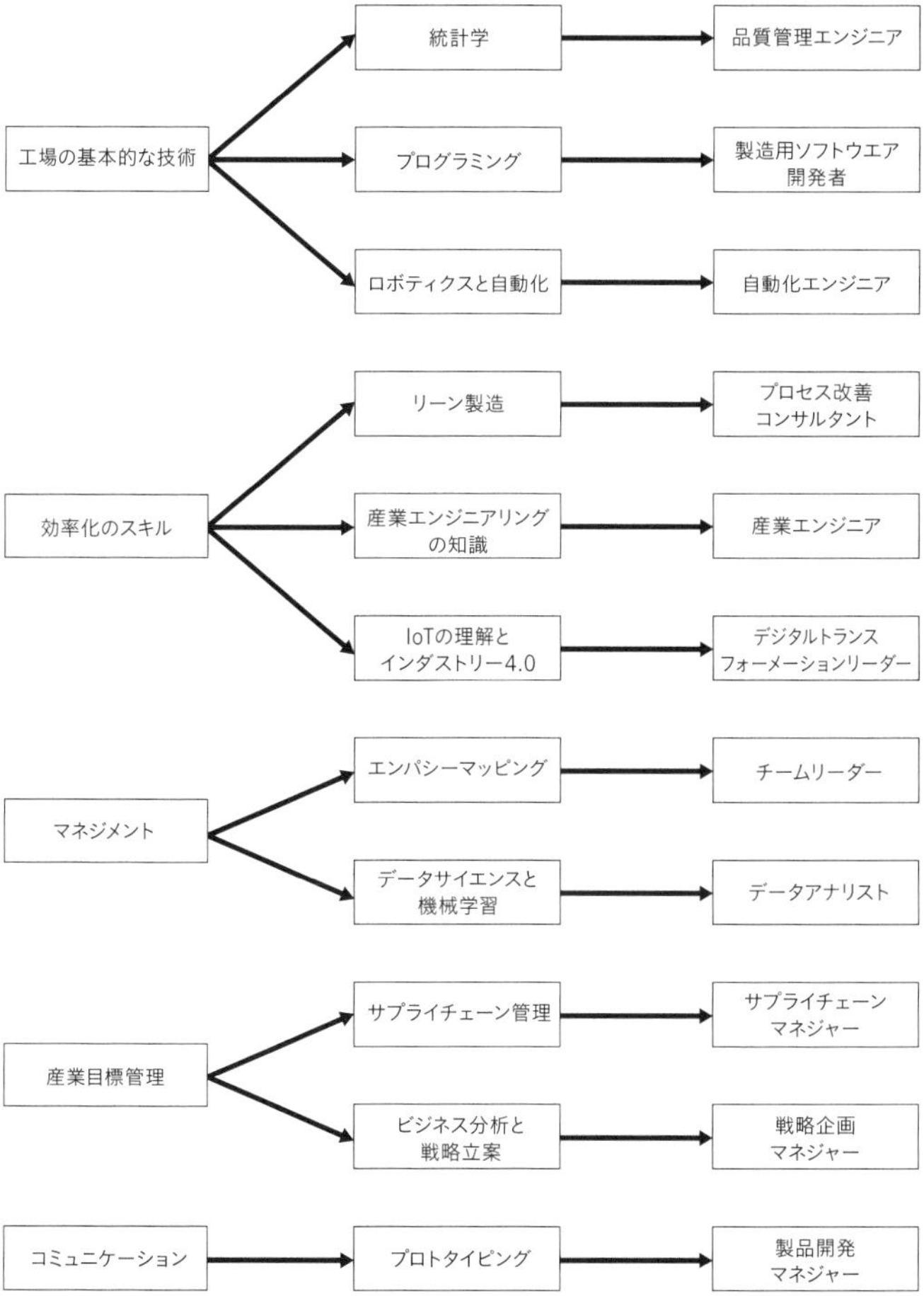

想像した通り、ＡさんやＢさんとは出力結果が大きく異なっています。ＣさんはＩＴ業界の経験が全くないので、スキル習得までの道のりは少し長いように思われます。しかし、さまざまな可能性が提示されているのがうかがえます。

特徴的なのは、工場で得た基本的なドメインスキル（Ｄ１：職種／ビジネス職）に掛け合わせるべきだと提示されているスキルです。データ分析に通じる**「統計学」**に加え、**「プログラミング」「ロボティクスと自動化」**といった、エンジニアリングで求められているスキル（Ｓ１：ＩＴ技術）がスパイクスキルとして並んでいます。

これは工場という現場でデジタル化を進め、新たな視点やアプローチをもたらす可能性のある人材に転換することをすすめられているということです。最近では工場の現場もデジタル化が進んでいます。ただ機械を使う側になるだけでなく、作るor使いこなせる側へと転換することで、工場以外のフィールドでも需要の高い人材にキャリアアップしていけると考えられます。

このように、製造現場における長年の経験から得られた知識や基本技術をベースに、テクノロジーやデータを扱う統計分析など幅広いスキルと掛け合わせることで、製造業やそれ以外の多様なキャリアパスも視野に入れられることがイメージできたと思います。

「チャットGPTの出力が必ずしも正確でない」「チャットGPTが誤った情報を提供することもある」という指摘も耳にすると思います。確かにチャットGTPは万能ではありませんし、仕組み上、予期しない回答をすることもあります。しかし、まずは実際に試してみることで、可能性や限界を理解することができます。**予期しない出力にも、新しい視点や意外な知識を発見するチャンスがあるかもしれません。**ぜひチャットGPTを自身のスパイクスキル発見のツールとして活用し、さらにドメインスキルとの効果的な掛け合わせの選択肢を広げるツールとして、積極的に使いこなしてください。

第4章と第5章で、リスキリングにおけるドメインスキルとスパイクスキルの洗い出しを行いました。第6章では、実際にリスキリングをスタートする際に注意すべき点を解説します。

【第5章の参考資料】

1: How to introduce a learn-it-all culture in your business（Microsoft）
https://www.microsoft.com/en-gb/industry/blog/cross-industry/2019/10/01/introduce-learn-it-all-culture/

第6章

リスキリングステップ④

『R』
Roll out（your reskilling plan）
リスキリングを実行する

LEARN+A

リスキリングを実行する上で気を付ける6つの勘違い

いよいよリスキリングを「**実行する（Roll out your reskilling plan）**」段階です。ここで最も大事なのは、**時間と費用捻出の優先順位。そして、リスキリングの習慣化**です。リスキリングを実行する際の重要ポイントを説明する前に、リスキリングを途中で断念してしまう人にありがちなケースを挙げておきます。時間や費用をかけて学び直すわけですから、その投資が無駄にならないようにしたいものです。リスキリングを始める前に、以下のことをチェックしてみてください。

①「インプット＝勉強している」の勘違い

多くの人が陥りやすいのが、「インプット＝勉強をしている」と勘違いしてしまうことです。とくに日本の義務教育はインプットに偏っていて、アウトプットの機会が少ないため、「学びといえばインプット」だと思ってしまいがちです。

しかし、**リスキリングに重要なのはインプットよりもアウトプット**です。リスキリングが実際の業務上で評価されるのは、アウトプットがあってこそ。後ほど詳しく説明しますが、「ツールが使えるようになる」ではなく、「使えるようになったツールを実務に生かす」ことが重要なのです。リスキリングではアウトプットしながらインプットを続けていくことを意識しましょう。自分が学んだり思考したりしたことを、ブログやポッドキャストなどで発信するのも有効です。

② 「Fear of Asking Dumb Questions」にとらわれて質問できない

Fear of Asking Dumb Questionsというのは、バカな質問をしたらどうしようという恐怖から、質問ができないでいる状態を指します。「こんなことを聞いてバカだと思われないだろうか？」という恐怖で質問できないと、せっかくのリスキリングを中途半端なものにしてしまいます。

このように「バカだと思われないだろうか？」という落とし穴にハマるのは、その学びがインプットだけになっているからです。常に学んだことを使ってアウトプットをしていれば、バカな質問にはなり得ません。というのも、**自分が実際に行動を起こした際に生まれる具体的な質問は、多くの場合、非常に建設的なものになる**からです。

アウトプットをしながらインプットをする重要性はここにもあります。アウトプットして「ここがうまくできなかった」「なぜつまずいたのだろう」と考えることは、良い質問につながり、さらなる学習や情報収集の機会につながります。既知と未知をつなげる連想力を養う力も身に付きます。

③ 環境を整えずリスキリングに挑む

例えば、フルタイムの仕事が終わり、子どもを寝かしつけた後、夜の10時からリスキリングをしようと思っても、それはなかなかうまくいきません。

後ほど、リスキリングにどれくらい時間やコストがかかるかを分類した**「リスキリング・オプション・マトリックス」**を紹介します。中には比較的短い時間と少ないコストで手に入れられるスキルもありますが、ある程度時間や費用を確保しなくては得られないスキルもあります。その場合、そのスキルを習得するまでは、何よりもリスキリングを優先するくらいの気持ちで時間を確保する必要があります。

「隙間時間でリスキリングしよう」と思っても、社会人に「隙間時間」など存在しないことを肝に銘じるべきです。「空いた時間があったら学ぶ」では、いつまでたっても時間は確保できません。デロイトの調査によると、労働者が新たな知識や技能開発に充てられる時間は、週の労働時間の１％程度であるというデータもあります。学習時間を増やすことがいかに困難であるかがわかると思います。ですから、最初からリスキリングの時間をしっかり確保するように心掛けましょう。

例えば、生産性の高い出社前の朝８時から９時の時間をリスキリングの時間と決めたら、何があっても死守するようにします。飲み会の翌朝は、すっきりとした頭で学習できないと思うのであれば、リスキリングの予定がある前日は飲みに行かないなどの我慢も必要です。私もこれまでに何度かリスキリングに当たる学び直しをしたことがあります。その経験からもいえるのですが、**リスキリングは生活の最優先に位置づけないと継続できません。**

時間の使い方については、この章で詳しく説明します。

④ 自分の強みに合っていないリスキリングをする

これは第４章や第５章とつながる部分ですが、自分の強みに合っていないリスキリングは非効率です。思い立ってすぐにスタートするというのではなく、第４章でやったようなドメインスキルの棚卸し、そして第５章で検討したようなスパイクスキルとの組み合わせを考えながらリスキリングを進めていきましょう。

もちろんリスキリングではなく、趣味として何かを学ぶのであれば全く問題ありません。しかし、**キャリアアップが目的のリスキリングであれば、小さくても構わないので、早い段階で成功体験を感じられないと継続は難しいものです。**「自分に合っているかどうか」が不安なら、第４章や第５章を参考にしながら、改めて自分に適したリスキリングを探すところからスタートしましょう。

⑤ ゴールなしにリスキリングを開始する

どのような状態になったら「リスキリングが成功した」と言えるのかを定義してから、リスキリングをスタートしましょう。

私は普段、日本企業へのＡＩ開発・導入をしたり、ＤＸの推進をサポートしたりしています。そのときにいつも感じることですが、「ＡＩを導入すること」や「ＤＸを推進すること」自体が目的になってしまっている企業は、「どのような状態になりたいのか」がイメージできていないので、適切な計画を立てられません。企業と個人という差はありますが、リスキリングもこれと同じような構造になっているケースがあると思います。自分がどのようなキャリアを目指しているのか、明確なイメージがないにもかかわらず、「とにかくデータサイエンスを学ぼう」となってしまうのです。

人は「自分にとってなぜそれが必要なのか」が腹に落ちることで、習慣化できるようになり、その努力を継続することが可能になります。ジェームズ・クリアー氏が書いた世界的ベストセラー『複利で伸びる1つの習慣』(パンローリング)では、このことを「アトミックハビッツ」と読んでいます。これは小さな習慣が最大の効果をもたらすといった意味で、「最小習慣」と訳されています。同書では、さまざまな習慣化のポイントを紹介していますが、中でも大事なのが**「自分にとってなぜそれが必要なのか」「どのような状態になれば成功なのか」を明文化すること**です。

⑥ やる気や気合に頼る

すでにさまざまな研究で言及されていますが、**「やる気」は待っていても降ってはきません。**やる気というのは、やり始めた後に湧いてくるものなのです。ですから、どれだけ機械的に学びをスタートできるかについて考えましょう。

英語に**「Use it or lose it」**という言い回しがあります。これは「使わなければなくなる」という意味です。学習する能力は筋トレと一緒。習慣化してこそ、鍛えられる能力なのです。

リスキリングを実行する際に必要な3条件　①時間の捻出

リスキリングの勘違いをチェックしたところで、ここからはリスキリングを実行する際に必要な3つの要素について見ていきます。その3つの要素とは以下です。

① **時間の捻出**
② **持続力の捻出**
③ **費用の捻出**

これらをひとつずつチェックしていきましょう。

時間の捻出について考える際には、リスキリングにどれくらいの時間を要するかの指標を持っている必要があります。リスキリングというと、大学院に通わなくてはならないとか、資格を取得しなくてはならないなどと考えてしまいがちです。しかし、リスキリング

図6-1　リスキリング・オプション・マトリックス

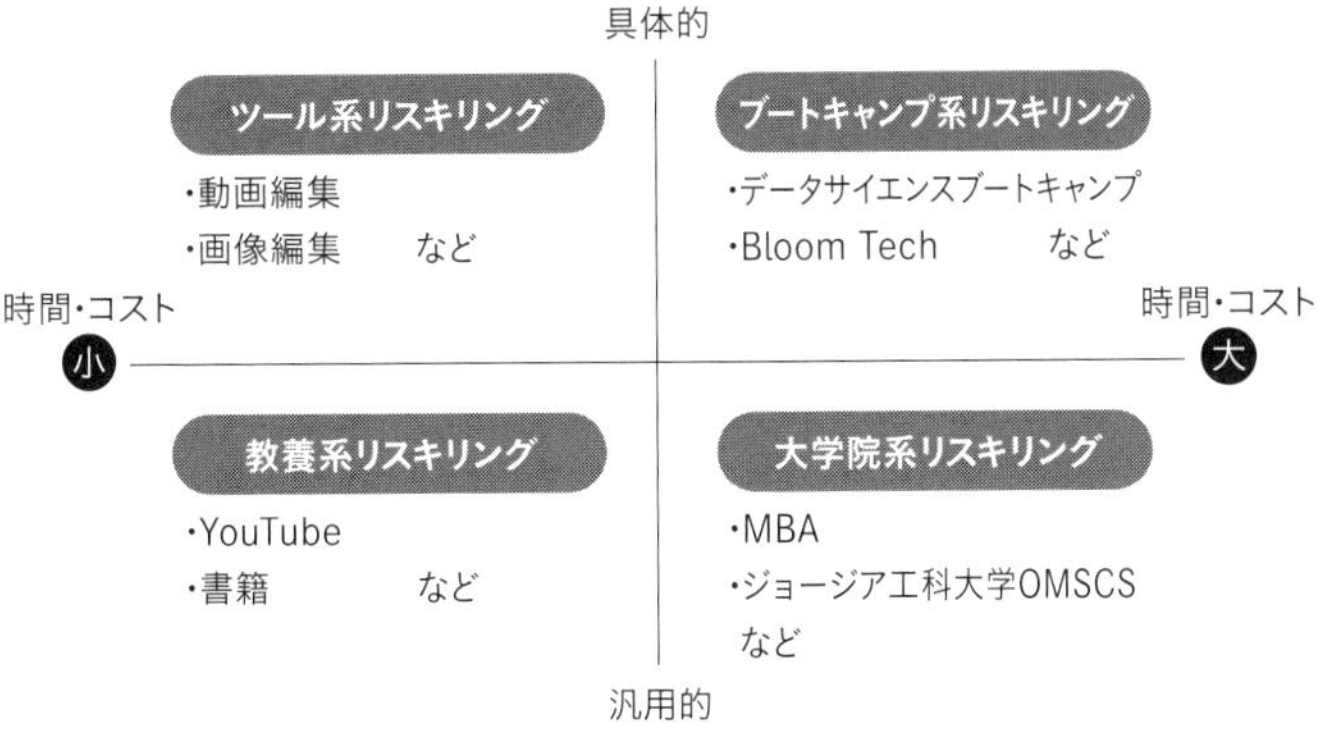

「リスキリング・オプション・マトリックス」では、リスキリングにかかる時間とコスト、そして手に入れるスキルの具体性と汎用性によって、学び方の選択肢を大きく4つに分類

の方向性はそれだけではありません。比較的短期で手に入れられるスキルもあります。

「リスキリングを進めよう！」と決意しても、自分が現在置かれている立場や環境によって、一人ひとりの時間、リソース、サポート環境など制約が異なるため、まずはその都度最適なアプローチを選択する必要があります。重要なのは、自分の現状を正確に把握し、置かれた状況に合わせて柔軟にリスキリングの方向性や計画を調整することです。そこで私が作成したリスキリング・オプション・マトリックス（**図6−1**）を基に整理していきましょう。

マトリックスの横軸は、習得にかかる時

間や費用、労力を含むコストの軸です。左側は時間やコストがあまりかからず、逆に右側は時間やコストがかかります。縦軸は手に入れるスキルが具体的なのか汎用的なのかについて示しています。下側が汎用性の高いスキルで、上側が具体性の高いスキルになります。

これを見ればわかるように、リスキリングのオプションは大きく分けて次の4つに分類できます。

①時間をかけずに汎用的なスキルを手に入れる「教養系リスキリング」
②時間をかけずに具体的なスキルを手に入れる「ツール系リスキリング」
③時間をかけて具体的なスキルを手に入れる「ブートキャンプ系リスキリング」
④時間をかけて汎用的なスキルを手に入れる「大学院系リスキリング」

ここからは、それぞれどのようなスキルがあるか、詳しく見ていきましょう。

時間をかけない汎用的なスキル取得なら「教養系リスキリング」

教養系リスキリングの特徴は、何より簡単なことです。まずはリスキリングの準備段階として、自分がどんなことに興味があるのか、今どんなことが話題になっているのかをキャッチアップしましょう。アンテナを張るため、新聞や業界誌などの定期購読に加え、ニュースサイトやポッドキャストのチェック、興味のある分野のワークショップに顔を出すなど、コンスタントに情報収集に努めることが重要です。

トピックで絞り込んで、具体的な効果を期待してリスキリングをするというよりも、**知識を広げる、人脈を広げる、選択肢を広げる**といった視点でトライすることをおすすめします。

教養系リスキリングでとくにおすすめしたいのが、Ｋｉｎｄｌｅ Ｕｎｌｉｍｉｔｅｄの活用とポッドキャストです。Ｋｉｎｄｌｅ Ｕｎｌｉｍｉｔｅｄは、月額９８０円（税込み）で特定の本や雑誌が読み放題になるサービスです。拙著『いまこそ知りたいＡＩビジネス』や『いまこそ知りたいＤＸ戦略』（ともにディスカヴァー・トゥエンティワン）も登録されています（登録状況は時期により変動します）。話題のベストセラーにざっと目を通すだけでも、知識の幅が広がります。雑誌も読めるので、最新情報のチェックも可能。読み放題ですから、気軽に取り組めるのがメリットです。

ポッドキャストに関しては、手前味噌ですが私の経営するパロアルトインサイトが配信している「Level 5 by Palo Alto Insight」がおすすめです。米国を中心としたＤＸやＡＩビジネスの最新情報を集め、私とパロアルトインサイトＣＴＯの長谷川貴久さん、日本を代表するＰＥ（プライベート・エクイティ）ファンドのパートナーである山崎壮さん（３人ともハーバード・ビジネス・スクールの先輩、後輩の仲です）で議論する番組です。30代から始めるリスキルジャーニーというコーナーもあり、リアルタイムでリスキリング中の方を月１回お招きし、フルタイムで仕事をしながらオンラインＭＢＡを習得する過程をリアルにお届けしています。毎週木曜日の午前７時配信で、グローバルな経済ニュースや米国を中心としたＡＩビジネスの最先端の動向に興味がある方に聞いていただいています。

その他、レックス・フリードマン氏のポッドキャストもおすすめです。彼は自動運転や機械学習を研究している、米マサチューセッツ工科大学（ＭＩＴ）の研究者です。ドライバーの視線からの予測や、ＡＩ支援運転のデータ収集、交通シミュレーションと最適化、モバイルデバイスでのアクティブ認証など、数多くの実績があります。

フリードマン氏は自身のポッドキャストで多くの著名人と対話を行っており、そのゲストがとにかく豪華なことで有名です。これまでもテスラＣＥＯのイーロン・マスク氏やメタＣＥＯのマーク・ザッカーバーグ氏など、ビジネス界の大物が３時間にもわたってフリードマン氏と話をしています。対談の様子はＹｏｕＴｕｂｅで動画としてアップされており、英語の字幕が表示されるので、ヒアリングが苦手な方でも理解しやすいでしょう。

もうひとつ、教養系リスキリングでおすすめしたいのが、その時々に合わせて最適なコンテンツを活用するマルチモーダル化です。動画コンテンツであればこの番組、音声コンテンツであればこのサイトというように、自分が普段よくチェックするコンテンツを複数の形式で用意しておくのです。

例えば、ランニングマシンなどの運動中は動画コンテンツを見る時間と決める、通勤時間は音声コンテンツを聞く時間と決めるなど、状況に適した形式のコンテンツをいつもすぐ取り出せるようにしておきましょう。これによって、期せずして生まれた10分間の空き時間も、無駄なスマホチェックなどに費やすことなく、能動的な学習に使えるようになります。

■教養系リスキリング（例）

期待される効果	長所	短所	具体例
YouTubeの講義・オンライン講座			
多様なテーマや専門家へのアクセス	無料で簡単に利用可能	多くの場合動画なので、動画視聴が好きな人向け	TEDトーク https://www.ted.com/talks PIVOT https://pivotmedia.co.jp/
本を読む			
理解力、語彙力、共感力の向上	多様な視点に触れることができる	時間と労力を要する	flier https://www.flierinc.com/ Kindle Unlimited
ディスカッションフォーラムに参加			
クリティカルシンキングとコミュニケーションスキルの向上	さまざまなビューポイントへのアクセス	誤報や、敵対的なやり取り	Reddit https://www.reddit.com/ Quora https://jp.quora.com/
ポッドキャスト&オーディオブック			
リスニングによる知識の向上	便利で利用しやすい	奥行きやインタラクティブ性に欠ける場合がある	Lex Fridman Podcast https://lexfridman.com/podcast/ Level5 https://www.paloaltoinsight.com/level5/
地域のワークショップやミートアップへの参加			
ハンズオン学習とネットワーキングの機会	即時のフィードバックと練習	ローカルリソースと時間による制限	**地域の商工会議所セミナーなど**

短期間で具体的なスキルを得るなら「ツール系リスキリング」

具体的なスキルを身に付けることができ、かつそれほど習得に時間がかからないのが「ツール系リスキリング」です。近々転職を考えているといった時間軸でリスキリングをしたい人であれば、こうしたツール系のオプションがおすすめです。

ツール系リスキリングで大事なのは、**なるべく最新のツールを把握して使いこなせるようになること**です。使いこなせるようになったら、ツールを使って、何か成果物を作ってみましょう。例えば、デザインソフトの「Canva（キャンバ）」を使って、ブログ記事のサムネイル作成やビデオ編集をしてみる。そこで生み出した成果物をポートフォリオ（作品集）として、自分のブログやインスタグラム、ツイッター（現X）など、誰でも見られる場所にリンクとして張っておきましょう。そうすることで、そのツールが使いこなせる人だということが客観的に伝わります。このようなツールを使いこなすにはセンスも問われますから、それを一発で視覚的に伝えられるよう、いつも自分のポートフォリオを一元管理して公開できるようにしておくといいでしょう。

チャットＧＰＴもこうしたツールのひとつと考えられます。チャットＧＰＴに関しては、今後は誰もが使いこなして当たり前のツールになるでしょうから、なるべく早くそのスキルを身に付けたいところです。無料公開されているうちに、いろいろ試して慣れておくのがよいと思います。

ひとつ念頭に置いておきたいのは、**ツール系のスキルは「なるべく早く獲得する」ことが重要**だということです。５年ほど前だったら、「アドビのＰｈｏｔｏｓｈｏｐが使えます」というのが確固たる資格のようになっていたかもしれませんが、現在は画像加工ツールがあふれています。しかも現在のツールは、簡単に使えるものがほとんどです。誰でもすぐに使えるようになるわけですから、他の人に先駆けて使いこなせることがポイントになってくるでしょう。絶えず好奇心を持って、どんどん新しいツールのスキルを習得することが大事だといえます。

英語では、このような態度を「Ahead of the curve」といいます。つまり流行するカーブの前に、流行を先取りしていなくてはならないという意味です。とにかくツール系のスキルは、アーリーアダプターとして身に付ける。レイトマジョリティーになって後から追いかけるようでは、仕事で生かせるスキルにはならないでしょう。言ってみれば「早い者勝ち」です。

そして、繰り返しになりますが、**ポートフォリオをつくっておくことが重要**です。

これからの時代、「チャットＧＰＴが使えます」というのは際立ったスキルにはなりません。小学生だって使えるくらいなのですから。英語に「ツールで遊ぶ」という言葉がありますが、ツールで遊べることに大した価値はありません。

しかし、「チャットＧＰＴを使って、クオリティーの高い記事を１日に４本作れます」とか、「チャットＧＰＴのＡＰＩとファクトチェックのツールをつなげて、簡単にファクトチェックができるプロセスを作りました」となれば、それは企業から求められるスキルになります。同じように、ツールを使って画像生成ができますというだけではなく、「（画像生成ＡＩの）ＤＡＬＬ－Ｅ２（ダリ ツー）で画像を作って、販売促進に生かしました」というような実績があれば、評価されやすいスキルとなります。

ツール系のスキルは、「それが使えればスキルになる」といった「ツール系スキル１・０」の時代から、**ツールを使ってビジネスにおける付加価値に転換できることが必須の「ツール系スキル２・０」に移行**していきます。これを念頭にリスキリングを進めることが重要でしょう。

■ツール系リスキリング（例）

期待される効果	長所	短所	具体例
ビデオ編集			
映像制作、ストーリーテリングの向上	幅広く使える、クリエイティブなアウトプット	ソフトウエアが必要で、習得に時間がかかる	**Adobe Premiere Proチュートリアル** https://helpx.adobe.com/jp/premiere-pro/tutorials.html **Final Cut Proの認定クラス** https://fcpcertification.com/
画像編集			
ビジュアルデザイン、コミュニケーションの強化	伝達可能なスキル、創造的な表現	ソフトウエアが必要で、習得に時間がかかる	**Adobe Photoshopチュートリアル** https://helpx.adobe.com/jp/photoshop/tutorials.html
ChatGPT			
AIとの対話、コミュニケーション、プログラミングスキルの向上	AIとの対話の理解、AIの可能性を探る	高度なテクニカルスキルが必要。AIの制約を理解するための学習が必要	**OpenAIのドキュメンテーション** https://platform.openai.com/ **Andrew Ng教授のGPTオンライン講座** https://www.deeplearning.ai/
ビジュアルコンテンツ作成ツール			
ビジュアルコンテンツ作成スキルの向上	マーケティングやコミュニケーションにおいて重要なコンテンツ作成を自分のペースで学べる	一部のツールは高価で、デザインスキルの学習曲線にも差がある	**Canva Design School** https://www.canva.com/designschool/ **Figma Design Basics** https://www.figma.com/resource-library/design-basics/
データ可視化ツール			
データ分析と理解の改善、ビジネスインテリジェンスの向上	データを直感的に理解し、意思決定をサポートするビジュアル作成能力が身に付く	習得には時間と労力が必要	**Datacamp「Tableau Fundamentals」** https://www.datacamp.com/tracks/tableau-fundamentals **Coursera「Data Visualization with Tableau」** https://www.coursera.org/specializations/data-visualization

時間をかけ具体的スキルを得る「ブートキャンプ系リスキリング」

ブートキャンプ系の特徴は、データサイエンスやプログラミングのコースが豊富なことです。私が経営するパロアルトインサイトの技術チームのメンバーも、多くがブートキャンプでスキルを身に付けました。例えば、大学でコンピューターサイエンスを学んだけれど、データサイエンティストとして職務経歴書を目立たせたいと考えた場合、２、３カ月の集中講座でデータサイエンスのブートキャンプに通い、修了証書をもらえば（認定書など）、採用も優位になります。

ブートキャンプ系のリスキリングは、最低でも数カ月のコミットメントが必要で、時間的・金銭的コストがかかります。逆に言うと、「自分はＵＸデザイナーになる」とか、「自分はＡＩエンジニアになる」などと決めて行うリスキリングになるでしょう。

パロアルトインサイトのエンジニアのひとりである高宮ゆりこさんは、コーディングのブートキャンプに参加した日本人の女性です。彼女は新卒でウェブ広告に特化した広告代理店に就職しましたが、結婚を機にニューヨークへ移住することになりました。物価の高いニューヨークで安心して生活するためには、それなりに収入が必要です。安全な場所に住むともなれば、家賃も高額になります。そのためダブルインカムが必要だと考えた彼女は、エンジニアとしてのキャリアを目指すことにしたのだそうです。

英語は比較的得意だったそうですが、ネイティブではない自分がオフィスで働けるとしたら、手に職のあるエンジニアかＣＰＡ（公認会計士）、看護師しか選択肢が見つからなかったそうです。その中でも、長い期間学校に通って資格を取らなくてはいけないＣＰＡと看護師は難しいと判断し、エンジニアになろうと考えたといいます。ツイッター（現Ｘ）で情報を収集したところ、似たような境遇の人はブートキャンプを利用しているケースが多いことを知り、中でもBloom Institute of Technology（ＢｌｏｏｍＴｅｃｈ）はカリキュラムがしっかりしていて人気もあると聞き、6カ月の授業を受けることになりました。

平日は午前中に授業があり、午後は授業内容に関する課題に取り組むというスケジュール。授業の前には予習をしておかないと授業についていけないので、朝早く起きて予習をする毎日だったそうです。土日はインタビューに備えて、パーソナルプロジェクトやポートフォリオの作成、コーディングプラクティスに時間を使っていたとのこと。

カリキュラム修了後、彼女はエンジニアになったのですが、「もっと早くこの職業に出合って、もっと早く勉強を始めていたかった」と話していました。

企業側の視点でいうと、今後はこのようなブートキャンプ系のリスキリングをした人たちに対して、はじめの一歩を受け入れられるような体制を整える必要が出てくるでしょう。そのためには採用や昇進の方法を見直したり、入社後にいかに早くリスキリングの結果を出せるかをモニタリングしたりするなど、さまざまな変革が求められそうです。

このように、ブートキャンプに通う人はキャリアを大きく方向転換したい人が多く、雇う企業側も門戸を広げて、積極的に採用する姿勢を見せる必要があります。

多くの会社が職歴や経験を重視して採用しますが、リスキリングをした人たちは、必ずどこかで身に付けたスキルを生かし、新たなフィールドに挑む必要が出てきます。ポテンシャルの高い人材を獲得するためには、そうした課題に対しても、企業は向き合わなくてはならないでしょう。

■ブートキャンプ系リスキリング（例）

期待される効果	長所	短所	具体例
コーディング・ブートキャンプ			
プログラミングのスキル習得・習熟	テンポの良い学習、仕事に特化したカリキュラム	高価、高強度、時間拘束	**Bloom Institute of Technology** https://www.bloomtech.com/
データサイエンス・ブートキャンプ			
データ分析、可視化、モデリング	需要のあるスキル、実用的なアプリケーション	コストがかかり、学習曲線が急である	**General Assembly's** https://generalassemb.ly/education/data-science-immersive **Dataquest** https://www.dataquest.io/
ウェブ開発ブートキャンプ			
フロントエンド、バックエンドのウェブ開発	総合的なトレーニング、プロジェクトベースの学習	予備知識が必要な場合があり、手間がかかる	**Ironhack** https://www.ironhack.com/nl/en **Udemy The Complete 2023 Web Development Bootcamp** https://www.udemy.com/course/the-complete-web-development-bootcamp/
サイバーセキュリティー・ブートキャンプ			
ネットワークセキュリティー、エシカルハッキング	需要の高い、成長分野	技術的に複雑で、コストがかかる	**Evolve Security Academy** https://www.academy.evolvesecurity.com/
UX／UIデザイン・ブートキャンプ			
UX、UIデザイン	創造的な表現、実践的なスキル	デザインソフトは機能豊富で複雑なため、初心者には難しい場合も	**Designlab** https://designlab.com/ **CareerFoundry** https://careerfoundry.com/
デジタルマーケティング・ブートキャンプ			
SEO、SEM、コンテンツマーケティング、アナリティクス	幅広い適応性、業界の成長	常に適応を必要とし、学習曲線が急である	**BrainStation** https://brainstation.io/course/online/remote-digital-marketing-bootcamp

時間をかけ汎用的スキルを得るなら「大学院系リスキリング」

大学院系のリスキリングは、修士号やＭＢＡ、オンライン大学院コースなどの上級学位プログラムを通じて、汎用性の高いスキルを身に付けたり強化したりすることを指します。これらのプログラムは通常、さまざまな産業やキャリアパスに対応可能な、幅広い能力の開発に重点を置いています。大学院系リスキリングは時間もコストも労力もかかり、ハードルが高いと思われがちです。それはその通りなのですが、**最近ではオンラインで受講できるものが増えている**ため、フルタイムで仕事を続けながら、リスクやコストを最小に抑えて修士号や博士号を取得することも可能になっています。

私の周りでも、大手国際物流会社に15年勤務していた男性が、米ジョージア工科大学のオンライン修士プログラム（ＯＭＳＣＳ）を2年間受講して、コンピューターサイエンスの修士号を取得しました。ＯＭＳＣＳは、日本に滞在したままオンラインで全てのプログラムを受講でき、卒業までの2年間に必要な学費はおよそ７０００ドル。週に1度、教授とやり取りするウェブ会議はありますが、通常時の会話はオンライン掲示板で行われます。

米国ではオンラインで受講できる大学や大学院が多く、英会話では難しくても、ヒアリングや読み書きができるのであれば、ついていけるところもあるのではないでしょうか。

オンラインコースのもうひとつの利点は、自分のペースで学習できることです。好きな時間に受講できる授業がほとんどなので、日本の会社に勤務しながら受講する人もいます。通常のオンラインＭＢＡコースは、２～５年間で履行終了すればよいと定められている場合が多く、例えば出産や、会社で昇進したばかり、転職したばかりなどで、今後半年から１年間は履行できないと思えば、その間は自分の都合で休んでもいいわけです。

最近は円安やインフレの影響も大きいですし、現在のフルタイムの仕事をやめてまで、海外の大学院に通うのに何千万円もの投資をするのはリスクが高すぎると思う方も多いでしょう。けれども、新型コロナウイルス感染症の拡大をきっかけに、米国の大学院もあり方が根底から変わりつつあり、オンラインコースの提供を最優先事項としている大学院もあるように見受けられます。そのような大学院で、リスキリングを目指す選択肢もあります。

ちなみにコンピューターサイエンスやプログラミング、ＵＸデザインなどのＩＴ系のスキルは、英語で勉強したほうが圧倒的に効率的です。英語と日本語で、教材の内容もかなり違います。

これもまた私の知り合いの話ですが、自分は英語ができないけれど、英語でＭＢＡを取ってしまえば一石二鳥だからといって、米マサチューセッツ州立大学のMBA（UMaas）をオンラインで取ろうとしているマーケターの男性がいます。パロアルトインサイトのポッドキャストのLevel5で、リアルタイムのリスキリングについて話してくれています。

自分が日本語しか話せないからといって、日本語の参考書ばかり読んでいるより、ベストなものを学びにいく姿勢や一石二鳥の発想などは、リスキリングではとても重要だと思います。前にも説明したように、リスキリングは掛け算の相乗効果で考えるべきだからです。

彼がMBAを取得したあかつきには、英語が堪能なマーケターとして、職業選択の可能性は一気に広がるはずです。外資系企業だけでなく、海外駐在も可能かもしれません。

時間と労力をかけてリスキリングに取り組むのであれば、リターンは多いほうがいいと考えるのが普通だと思います。例えば、米国ではハーバード・ビジネス・スクールの卒業生の平均初任給は約17万ドルといわれており、過去10年間でもこの数字は上昇傾向にあることがわかっています。全ての人に適した選択肢ではありませんが、自身のキャリアトランスフォーメーションを狙いたい人、時間をかけてでも10年後、20年後を視野に自分に投資をしておきたい人、その余裕がある人には挑戦する価値のある選択肢です。

■大学院系リスキリング（例）

期待される効果	長所	短所	具体例
MBAプログラム			
経営管理、リーダーシップ	キャリアアップ、ネットワーキングの機会	費用がかかる、時間がかかる、入試の競争率が高い	**Harvard Business School(HBS)のMBA** https://www.hbs.edu/mba/Pages/default.aspx **グロービス経営大学院のMBA** https://www.globis.ac.jp/programs/full-time-mba/
オンライン大学院コース			
特定分野の専門的な知識	フレキシブルでアクセスしやすく、多様なサービスを提供する	質が異なる、時間がかかる	**ジョージア工科大学オンライン修士プログラム（OMSCS）** https://omscs.gatech.edu/ **マサチューセッツ州立大学のUMass MBA** https://www.abitus.co.jp/lp/mba/ad2_ove/index.html
データサイエンス修士号			
高度なデータ解析、モデリング	高い需要、強いキャリア展望	入試の競争率が高い、予備知識が必要	**カリフォルニア大学バークレー校のMIDS(Master of Information and Data Science)** https://ischoolonline.berkeley.edu/data-science/
行政学修士			
公共部門管理、政策分析	さまざまな公的機関の職務に適用可能	費用がかかる、時間がかかる	**ハーバード大学ケネディスクールのMPA** https://www.hks.harvard.edu/educational-programs/masters-programs/master-public-administration **東京大学公共政策大学院専攻のプログラム** https://www.pp.u-tokyo.ac.jp/education/master-course/public-management-program/

時間を確保するための交渉

さて、どのようなリスキリングにどれくらい時間がかかるのか、イメージがつかめたかと思います。先ほど、子どもを寝かしつけた後に夜の10時からリスキリングしようとしてもうまくいかないという話をしましたが、教養系のリスキリングであれば、隙間時間にポッドキャストを聞く、家事をしながらオーディブルを聞くことは可能かもしれません。

しかし、大学院でMBAを取りたい、あるいは3カ月集中してブートキャンプでスキルを身に付けたいとなった場合、隙間時間でどうにかできるものではありません。こうなると、今働いている職場や家族の理解と協力が必要になってくるでしょう。

企業に勤めているなら、リスキリングの時間を確保するための交渉が必要です。例えば、これから学ぶスキルを手に入れた場合、どれくらい今の仕事の生産性が上がるか、視野の広い提案をできるようになるかなどをシミュレーションして、プレゼンテーションすることも大切です。

会社によっては、リスキリングを推奨するプランやリモートワークなどのオプションが選べるかもしれません。かつてのグーグルのように、勤務時間の20％は主業務以外のことに費やしてもよいというルールを設けている企業もあります。

リスキリングを行う期間だけ主業務を変更してもらうような交渉をしてもよいかもしれません。**企業にとっても従業員がリスキリングによってスキルアップすることは望ましいはず**です。戦略的に交渉して、いかに時間を捻出するかを考えましょう。

企業側が従業員に対して積極的にリスキリングを推奨するために、特定の従業員の主業務自体を、そっくりリスキリングの時間に置き換えてしまう例もあります。

例えば、ゑびや（三重県伊勢市）の代表で、食堂向けにＩＴソリューションを提供するＥＢＩＬＡＢ（エビラボ、伊勢市）の社長でもある小田島春樹さんは、従業員のリスキリングのためには「学ぶことを主業務に変える経営者の決断」と、「その決断をするためのゴール設定」が大事だと話しています。

同社では外部からエンジニアを採用せず、当時店長だった人にゼロから知識を学んでもらい、後のＣＩＯ（最高情報責任者）になる人材を育てました。勉強中は他の業務を一切させず、学ぶことを業務にしたそうです。勉強する従業員に対して、とくに課題を設定するようなことはなく、学んだことを実務に生かしてもらったといいます。本人のやる気と興味、そして会社のサポートがあれば、非エンジニアでもＤＸ人材になれる好例だといえます。

「ワークライフインテグレーション」を考える

図6-2 「ワークライフバランス」と「ワークライフインテグレーション」

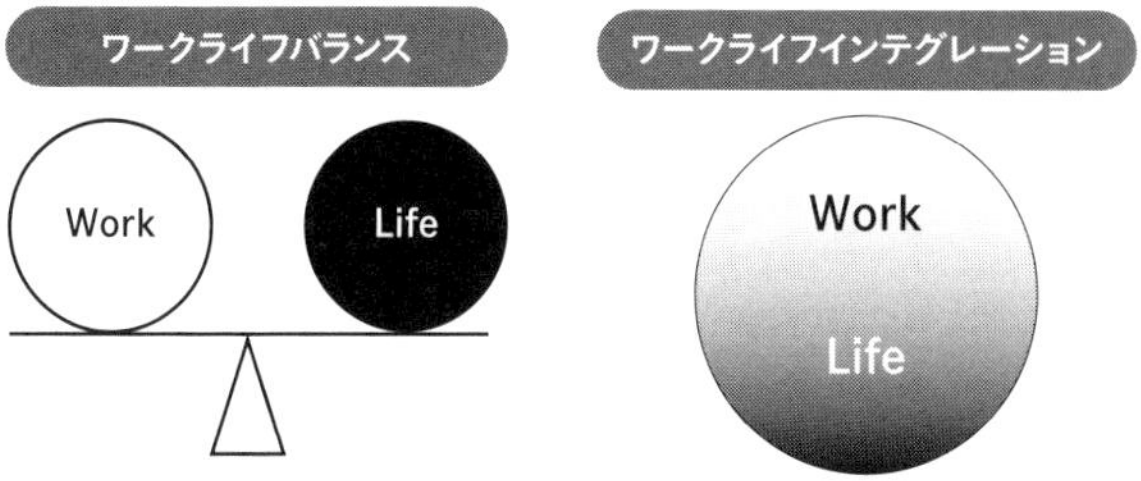

仕事かプライベートかを明確に切り分け、そのときの状況で選択する二者択一の状態

仕事かプライベートかを切り離さず「人生」という枠組みで統合的に捉えられている状態

「ワークライフバランス」と「ワークライフインテグレーション」のイメージ。仕事とプライベートをはかりにかけて考えるのではなく、「自分の24時間をどのように使うべきか」と統合的に考える

子育てや介護など、プライベートな状況でなかなか時間が取れない場合は、そもそも「ワークライフインテグレーション」について考える必要があるかもしれません。

ワークライフインテグレーションとは、仕事とプライベートを統合するといった意味です。これまでのような「仕事かプライベートかのどちらかを選ぶ」といった二者択一ではなく、「仕事もプライベートも24時間の中に生かす」とする考え方です。別の言葉では、「ワークライフハーモニー」ともいわれます。この考え方が、リスキリングでは重要になると思います。

リスキリングを実行する際に必要な3条件　②持続力の捻出

時間を捻出できても、持続することができなければリスキリングで効果を上げることは難しいでしょう。ここでは効果的な時間の使い方や、持続するための工夫について紹介します。

２０１８年に発行されベストセラーになった『Atomic Habits』（邦題『ジェームズ・クリアー式 複利で伸びる1つの習慣』／パンローリング）には、学びを習慣化する5つのコツが書かれています。それによると、**行動に必要なのは「モチベーション」などではなく、「アイデンティティを形成すること」**だと書かれています。アイデンティティというのは、「私はランナーである」「私は読書家である」のような自己認識を指します。

第3章で私は、「自分は○○である」と名乗るのが気恥ずかしいなら、動詞で語ることを提案しました。つまり「私はランナーである」と言うのが恥ずかしければ、「私はランニングをしています」と伝えればよいという話です。

しかし、同書の著者であるジェームズ・クリアー氏は、「私はランニングをする人である」ではなく、「私はランナーである」というアイデンティティを形成できれば、それに見合った行動を取りやすくなり、自分の人格と一致した行動を継続しやすくなると述べています。

とはいえ、そのアイデンティティを形成するためには、習慣化する必要があるという結論なので、「卵が先か、鶏が先か」のような話です。

クリアー氏は、習慣化について

①　きっかけ（いつどこで実行するのか、はっきりとさせる）
②　欲求（報酬への予測を魅力的にする）
③　反応（行動がしやすくなるようにする）
④　報酬（満足できるものにする）

という4つの要素で構成されると定義しています。

①のきっかけは、「私は朝6時半に起きて、デスクに座って、7時半までの間にブートキャンプの授業を受ける」といったようなことです。

②の欲求を魅力的にするために、「習慣化したい行動」と「やりたい行動」をセットにする方法が紹介されています。いわゆる、ご褒美を用意しておく方法です。

③の行動をしやすくする方法のひとつとして、環境を準備することが挙げられています。例えば、学習に必要となる教材を、前日にデスクに一式用意しておくなどがあるでしょう。

④の報酬は、なるべく魅力的で満足できるものであることが大事です。報酬にはすぐに得られる「即時報酬」と、何かなし遂げた先に将来的な利益として得られる「遅延報酬」がありますが、即時報酬であればより習慣化しやすくなるでしょう。

リスキリングの話ではありませんが、私は運動を習慣化するため、外で走ったりジムに通ったりする代わりに、自宅用のランニングマシンを購入しました。これは③の「行動をしやすくする」を重視したからです。天気の悪い日は走れない、有害物質で大気汚染されている日は走れないとなると、運動が習慣化しません。そうなると、やはり自宅にランニングマシンがあったほうがいいでしょう。結果的に、これはとても良い投資になりました。

運動をして健康な体をつくるというのは、一朝一夕で成果が出るわけではありませんから、④に関しては遅延報酬とも受け取れます。その半面、運動をした直後に得られる達成感や爽快感は即時報酬ともいえます。私は脳を報酬の仕組みに慣れさせるため、運動が終わった後は、自分に対してあえて小さく拍手をするようにしています。実際にトレーニングのビデオを見ると、トレーナーの先生たちが何回も「自分を褒めて」「今日あなたはすごいことをした」と運動終了後に訴えているのは、科学的な根拠があるのです。

　このように小さなゴールを何度も繰り返すことで、いろいろな報酬を自分に与える仕組みをつくるのです。そして、運動の継続に成功することで、健康に良いという報酬だけではなく、自分に対する圧倒的な信頼を得ることができます。苦手なこと、面倒なことを毎日やってきたという積み重ねは、何ものにも代え難い成功体験となるでしょう。これは、運動でも勉強でも同じです。**習慣化のプロになる**ことが大事なのです。

　場合によっては、「リスキリングよりも少しハードルが低い何かを先に習慣化する」こともあり得ます。私の場合、それは前述のように運動でした。人間は基本的になまけようとする生き物ですから、勉強が必要だと思っても、どうしてもサボってしまいがちです。そこで、まずは勉強より少しハードルが低いことを習慣化することで、成功体験を得るのです。

　この成功体験によって、「私は面倒なことであっても、習慣化できる人間なのだ」という自負や自己信頼が生まれます。その成功体験や習慣化の手法をリスキリングにも当てはめれば、「やらなければならない」とか「やりたくない」といった感情に振り回されることなく、システマチックに取り組むことができるようになり、習慣化の成功確率が大きく上がるはずです。

米イエール大学の行動経済学チームが開発した「ｓｔｉｃｋＫ」というアプリがあります。これは損失回避という認知バイアスを活用した習慣化促進アプリで、行動経済学の原理に基づいた設計によって自己改善と目標設定をすることで、その達成へと導いてくれます。ｓｔｉｃｋＫの基本的な考え方は「コミットメント契約」で、目標を達成しなかった場合、何らかのペナルティーが発生するというものです。基本的には金銭的なペナルティーが発生することが多く、目標を達成できなかったらいくらかの金額を支払うという契約を結びます。ペナルティーで発生したお金は、あらかじめ設定した個人や団体、またはｓｔｉｃｋＫ自体に対して支払われます。

　このようなツールを利用することで、個々のユーザーが自分自身の目標に対するコミットメントを強化することができます。

「20倍界王拳」で有効な時間帯をうまく使う

習慣化には「いつリスキリングするか」の時間帯も重要です。

米マイクロソフトを創業したビル・ゲイツ氏と一緒に「Ｗｉｎｄｏｗｓ 95」を開発した伝説のエンジニア、中島聡さんの著書に『なぜ、あなたの仕事は終わらないのか』（文響社）があります。この本の中で「20倍界王拳の発動をイメージする」という表現が登場します。「界王拳」というのは、漫画『ドラゴンボール』の主人公の孫悟空が繰り出す必殺技ですが、早朝の時間帯はメールや電話もないので、中島さんは悟空のごとく通常の20倍くらいの力、つまり最大能力を１日のスタートダッシュの時間帯に発揮して、超効率的に仕事を片付けてしまうのだそうです。

私も、パロアルトインサイトのＣＥＯとして２人の子どもの育児をこなしながらリスキリングを進めたことがあります。そのときはこの20倍界王拳を使って、早朝の時間を最大限に活用しました。子どもが起きる前なので誰にも邪魔されず、従業員からのメールや電話もありません。一番集中できるこの時間帯に一切インターネットにもつなげず、自分が最優先する学びを入れたのです。

『ＤＥＥＰ ＷＯＲＫ』（邦題『大事なことに集中する――気が散るものだらけの世界で生産性を最大化する科学的方法』／ダイヤモンド社）の著者であるカル・ニューポート教授によると、深い思考をするような集中力を要する作業を「ディープワーク」といい、それを行うためには、**一切の外的な介入を遮断する**のがよいそうです。

私の場合、この書籍の執筆や、新しい講演資料を作ったりするようなクリエイティブな仕事は、早朝の時間帯を使います。ＳＮＳなどの通知は絶対にオフ。スマホも見ないし、メールの返信もしません。逆にあまり脳を使わなくてもできる仕事は、ランチの後や夕方など集中力が下がる時間にやるのがいいそうで、私はそれを意識しています。「ポモドーロテクニック」という、作業を25分のセッションに分け、セッションの間に短い休憩を挟む方法もおすすめです。

このようなスケジューリングはリスキリングを実行しているときだけに限りません。（夜型の人もいるので一概にはいえませんが）多くの人にとっては、朝の時間帯のほうが生産性が高いことが、さまざまな研究でわかっています。そのため私は、自社のメンバーにも午前中にはできるだけミーティングを入れないように伝えています。

睡眠時間の確保は、質の高い学びや仕事をするために重要だと考えているので、私は夜の10～11時にはベッドに入るようにしています。そして朝6時くらいに起きたら、まずは朝食前に界王拳の時間を取ります。その後、子どものお弁当を作って、子どもたちを見送ったら、そこから子どもたちのお迎えまでが基本的に仕事の時間です。

午前中はディープワークやリスキリングに充てます。そして、集中力が落ちる午後は、あえてミーティングを入れて目が覚めるようにしたり、メールの返信などの時間に充てたりしています。ビジネスのための読書は午前中にしますが、趣味の小説などは夜に子どもを寝かしつけた後で読むことが多いです。

現在はオフィスへ出勤せず、基本的にリモートワークで仕事をこなしています。これは、コロナ禍で働き方が変わったこともありますが、24時間の使い方を見直した際、通勤時間に生産的な仕事をするのが難しいと感じたこともあります。たとえそれが運動であっても、通勤時間を別のことに使ったほうが、有益な時間を捻出できると思ったからです。

前述しましたが、リスキリングは気合と根性で行うものではありません。脳科学や行動科学などの情報も取り入れながら、自分のライフスタイルに合った形で、負担が少なく、効果が大きくなる時間の使い方を見つけましょう。

リスキリングを実行する際に必要な3条件　③費用の捻出

最後の条件は費用の捻出です。

リスキリングを実行しようと思ったら、必要な費用を見積もらなくてはなりません。前述したように、どのような状態になったら「リスキリングが成功した」といえるのかを明確にし、そこまでにかかる費用を洗い出してください。学校やブートキャンプに通うのであれば、学費やコース料金を調べましょう。リスキリングに必要な書籍やツールなども調べ、総額を算出します。

次に、その**リスキリング費用を「補助してくれる制度」がないか、**調べてみましょう。今働いている企業でリスキリングを支援する制度があるかもしれませんし、例えば、「教育訓練給付制度」のような給付金を利用する手があるかもしれません。大学や大学院であれば、奨学金を申請できる可能性もあるでしょう。

教育訓練給付制度とは、新しいスキルを身に付けたいと考えたり、新しいキャリアを探したいと思っていたりする人を支援する制度です。支援対象は厚生労働大臣が指定した約

1万４０００の講座で、受講した個人に対し、受講料の２～7割を国が補助してくれます。

「教育訓練給付制度」は対象講座によって、以下の３つに分けられます。

① 専門実践教育訓練

「業務独占資格などの取得を目指す講座（介護福祉士、看護師、美容師、保育士など）」「デジタル関係の講座（ＩＴＳＳレベル3以上のＩＴ関連資格取得講座、経済産業大臣認定の第四次産業革命スキル習得講座など）」「大学院・大学などの課程」「専門学校の課程」で、補助されるのは最大で受講費用の70％（年間上限56万円・最長４年）です。

② 特定一般教育訓練

「業務独占資格などの取得を目標とする講座（介護職員初任者研修、大型自動車第一種・第二種免許、税理士など）」「デジタル関係の講座（ＩＴＳＳレベル２以上のＩＴ関連資格取得講座など）」で、補助されるのは受講費用の40％（上限20万円）です。

③ 一般教育訓練

一般教育訓練は比較的取得しやすい「資格の取得を目標とする講座（英語検定、簿記検定、ＩＴパスポートなど）」「大学院などの課程」で、補助されるのは受講費用の20％（上限10万円）です。

また、「教育訓練給付制度」を受けられる対象者は、以下の条件を満たす人たちです。

（1）雇用保険の被保険者もしくは離職してから1年以内の人で、今までに教育訓練給付を受けたことがない人および雇用保険の加入期間が1年以上の人

（2）雇用保険の被保険者もしくは離職してから1年以内の人で、今までに教育訓練給付を受けたことがある人は、前回の受講開始日以降、雇用保険の加入期間が3年以上の人

雇用保険の加入期間が基準に満たない人は、加入期間が経過した後に受けられるようになります。

さらにリスキリングを社内で推進したい企業向けにも、多くの補助金が用意されています。例えばＩＴ・データを中心に成長が見込まれ、雇用創出に貢献する分野の人材育成を支援する教育訓練講座を経済産業大臣が認定する「第四次産業革命スキル習得講座認定制度」などがあります。

この補助金を申請するためには

・育成する職業、能力・スキル、訓練の内容を公開していること
・必要な実務知識、技術、技能を習得できること
・実習、実技、演習又は発表などが含まれる実践的な講座がカリキュラムの半分以上を占めていること
・審査、試験等により訓練の成果を評価していること
・eラーニング等の社会人が受けやすい工夫をしていること
・事後評価の仕組みを構築していること

などの条件がありますが、企業にかけ合ってみることもできるかもしれません。

【第6章の参考資料】

1: 「Leading in Learning」(Deloitte)
https://www2.deloitte.com/content/dam/Deloitte/global/Documents/HumanCapital/gx-cons-hc-learning-solutions-placemat.pdf

2: 「MBAの光と影　アマゾンを訴えた女性のメッセージ」(毎日新聞)
https://mainichi.jp/premier/business/articles/20211216/biz/00m/020/014000c

3: 「伊勢神宮の食堂『ゑびや』をデータで再建　素人がゼロからAI開発」(日経クロストレンド)
https://xtrend.nikkei.com/atcl/contents/18/00509/00031/

4:「教育訓練給付制度」(厚生労働省)
https://www.mhlw.go.jp/stf/seisakunitsuite/bunya/koyou_roudou/jinzaikaihatsu/kyouiku.html

5: 「第四次産業革命スキル習得講座認定制度」(経済産業省)
https://www.meti.go.jp/policy/economy/jinzai/reskillprograms/index.html

第7章

リスキリングステップ⑤

『N』

Negotiate（your terms）

条件を交渉する

LEARN+A

リスキリングを始める前の交渉

「Negotiate＝条件の交渉」は、リスキリングに成功した人に向けた話です。リスキリングによって新たなスキルを手に入れたら、その事実をもって給与面や働き方の交渉をしましょう。結論から言うと、**交渉はリスキリングを成功させてから行うべき**です。

例えばオンラインでＭＢＡを取る場合を考えてください。ＭＢＡの授業は履修すること自体はそう難しくないと感じると思いますが、修了するのがとても難しいのです。その点も考慮し、修了してから晴れて交渉のリングに上がれるのだと心得ましょう。

もちろん、リスキリングを始める前に、ある程度昇進や昇給の見込みがなければ頑張れないという気持ちもわかります。ですから、「ＭＢＡを取った場合、この会社でどのようなキャリアを歩めるのか」といった話は、リスキリングの前にヒアリングして構わないと思います。いくつかオプションを用意して、例えば「３つのリスキリングのうち、会社にとってどれが一番評価につながるのか」といった聞き方をするといいかもしれません。

条件交渉にはいくつか注意すべき点があります。これは米フェイスブック（現メタ）の元ＣＯＯ（最高執行責任者）シェリル・サンドバーグ氏の講演での言葉ですが、**キャリア**

の相談をする人は戦略的に選んだほうがよいということです。

キャリアのことを、身近な上司に相談したい気持ちになるのは当然でしょう。それ自体は間違っていないのですが、相談内容を間違うとリスクにもなります。「このようなリスキリングを考えています」という前向きな話であれば問題ありませんが、悩み相談のように見えてしまうと、「今の部署の仕事に、ついていけていないのではないか」とか、「会社を辞めようとしているのではないか」といった評価につながりかねません。

相談するのであれば、**「やる気にあふれていて、私はこれをやりたい」**といった姿勢を見せましょう。相手があなたの昇進や昇給のカギを握っている上司なら、その上司や部署、会社に貢献できるということを押し出しましょう。**自分のリスキリングが上司にとっても有益になるかどうか**という目線を持つことが大事です。「このプログラムを取ることで、会社(や上司)にこんな貢献ができる。ただ、半年間は業務に影響が出る可能性がある。それを了承してもらえるとありがたい」といった交渉ができれば理想的でしょう。

会社側が「あなたのリスキリングが成功すれば、会社への貢献につながる。応援したいから、業務の30%の時間を使ってやってみたら」のように申し出てくれたら、非常にラッキーです。費用を負担してくれるケースもあるかもしれません。「あなたのリスキリングは今のところ主業務とは関係ないので、自分の時間を使ってやってください。でも応援はします」だとしても、それはそれでラッキーです。いずれの場合でも、定期的に自分が現在どのようなことをやっているのか、報告するといいでしょう。

リスキリングの実行を宣言したなら、なにがなんでもリスキリングを完了させることが重要です。有言不実行は、自分の評価を下げてしまうことになりかねません。

私の周りでも、能動的に「(リスキリングで)これをやります」と言っていた人から次第に報告がなくなり、どうしたんだろうと思っていたら「忙しすぎて続かなかった」というような話を聞くことがあります。これでは「自分で言い出したことを途中で投げ出してしまう人なのだな」と思われてしまうでしょう。

転職を見据えてリスキリングを考えている人もいるでしょう。その場合は、リスキリング中に転職活動をしても構いません。リスキリングの最中であることは、実は転職市場では売りになります。例えば、ＭＢＡ取得に向け勉強している最中だと伝えれば、「1年後にはこの人はＭＢＡホルダーなのだ」と相手は想定します。転職するなら、期待値を上げておいて損はありません。転職活動はそれなりに時間がかかるので、早め早めにリスキリングを始めるのが得策でしょう。

リスキリング中には何をすべきか

交渉はリスキリング後に行うべきだと言いました。しかし、リスキリング中に何の報告もしなくていいわけではありません。リスキリング中は、多くの人が自分と学校や予備校との「孤立した学習関係」を構築しがちです。そうなると、往々にして学びがインプットに偏ってしまいます。学校やＭＢＡの授業などで学んだことをノートに取り、テストで良い成績を出し、卒業することだけに集中してしまうのです。

それでは自分のキャリアにおいて重要な役割を果たす人たち（同僚や上司、仕事の取引先など）からは、学びの過程が全く見えません。そもそもキャリアアップのためのリスキリングは、個人の内部で独立して行う自己完結型ではなく、**会社の周りの人を巻き込み、ダイナミックかつリアルタイムで行うコラボ型**で行うべきだと考えましょう。

すなわち、学んだことを翌日の職場で生かす。アウトプットの形で学習を強固なものにしていく。そんな姿勢をリアルタイムで上司や同僚に見せることで、たとえ数年単位で行わなければならないリスキリングであっても、応援してもらえる環境がつくれるのです。

日ごろから、定期的に上司とリスキリングの話題を共有しておくのもポイントです。そして、自分がリスキリングしていることを会社でどう生かすかを考えながら仕事をします。繰り返しになりますが、リスキリングはインプットではなく、アウトプットが勝負です。リスキリングに取り組んでいる最中から、そのスキルがどのような付加価値をもたらすか、どんどんアウトプットしていきましょう。その**アウトプットの行為自体がリスキリングの質を高めることになり、会社での評価を高めることにもつながる**ので、一石二鳥です。

　うまく周りを巻き込めれば、途中でやめてしまう挫折リスクを減らすこともできます。責任を持って物事と関わることを明言する「コミットメント」という言葉があります。行動経済学では、**コミットメントはダイエットや貯蓄など、人々の習慣化を促し行動を変えるための有効な手法**であることで知られています。その効き目は、コミットメントを破る代償が大きいほど高まるといわれています。公に行われたコミットメントには、自分の評価を下げるリスクや認知的不協和（自身の思考や行動と一致しない認知を抱えている状態）を避けたいという心理的効果が働くため、コミットメントを厳守するようになるのです。

　例えば、ホテルの宿泊客がチェックイン時にタオルの再利用を紙面上で約束し、「地球の友」と書かれたラペルピン（スーツのジャケットの襟部分に着けるピン）を着用することで、タオルの再利用率が25％向上したという実験結果があります。このように人は社会的な生き物のため、自分の評価を下げることを避けたがります。それを逆手に取り、後には引けない状況をつくり、リスキリングを成功させる環境を整えるのです。公に行うコミットメントとは、ＳＮＳでダイエット宣言をするようなものです。親しい人や家族にリスキリングの開始を伝えること、また、今年中にこのスキルを手に入れるなど、具体的な目標を誰かと共有するのも効果的でしょう。重要なのは自分の目標を公にすることです。

リスキリングを成功させるには、これまで紹介してきたような戦略的アプローチがとても大事ですが、それと同時に精神的な側面も大切になってきます。取り組む覚悟を決めることができるか、途中で投げ出さない自分になれるかどうか。そのような強い意志を、誰もが最初から持っているわけではありません。だからこそ、コミットメントによって自らを奮い立たせ、背水の陣でリスキリングに臨むのです。もちろん長期的に持続可能な範囲で、という意味ですから、あまり追い込みすぎて無理をしないよう注意してください。

リスキリング中は、**自分の学びの姿をリアルタイムで共有する、アウトプットの形で周りに貢献することで、評価の維持や向上につなげる**ことができます。上司の多くは、「リスキリングはうまく進んでいるのかな」と気にしているはずです。聞かれなくても自分から能動的にその姿を見せて報告することで、上司との信頼関係も築けるでしょう。

リスキリング後の交渉

リスキリングが終わった直後は、一番交渉力が強まるタイミングともいえます。ただ、会社の場合、昇進や昇給の時期がそれぞれ決まっているかもしれません。年に1度や2度くらいしかタイミングがないのであれば、それに合わせて前もって見込みを伝えておきましょう。

実際に交渉する前に、**自分にとって何が一番重要な事項なのか、優先順位をはっきり決めておく**ことが大切です。言い換えれば、「自分の幸福度を下げたり、ストレスになっていたりすることが何か」を明らかにしておくことです。

例えば、人によっては、自由がないことや環境が変わることがストレスになるケースがあります。逆に、勤務時間が乱れることがストレスになる場合もあるでしょうし、組織のあつれきがストレスになる人もいます。給与面だけではなく、自分にとって何が優先順位の上位になるのかを知っておかなければ、せっかくリスキリングを完了させて条件交渉に臨んでも、真の意味での幸福度が上がらない可能性もあります。

現在の心理的、物理的な〝居場所〟を手放して、越境できるかどうかを考えることも、交渉の大事なポイントになります。物理的な越境をいとわないなら、地方勤務や海外勤務を視野に入れた交渉が可能になります。業界の越境や職種の越境もあり得るのなら、かなり交渉の幅が広がるでしょう。そもそも「企業で雇われる＝安泰」という前提条件を手放せるのならば、起業や独立にもチャレンジできるはずです。

このように、まずは自分にとって何が大事なのかを知ることが、リスキリング後の交渉のスタートラインです。その大事なことを守り抜いた上で、勤務場所、勤務時間、勤務形態、報酬（給与）などの交渉を進めましょう。

交渉をうまく進めるために

リスキリング後の交渉の流れとしては、ビジネススクールでも学ぶ「交渉術」を応用して、7つのステップで考えていくとよいでしょう。

（1）ラポール（信頼関係）を確立する

まずは交渉相手との信頼関係を築くことが重要です。上司であれば、前述のように**リスキリングがスタートする前から応援してもらえる関係**をつくっておきましょう。定期的に進捗状況を報告することも、ラポールの確立につながります。

（2）積極的に聞く

交渉相手の話を注意深く聞き、相手がニーズや懸念を表明できるようにします。これにより、根底にある利害関係を特定し、妥協点が見いだせるようになります。自分はリスキリングでこのようなスキルを得たという自分主語で話すだけではなく、会社にとって**自分のスキルがどのように貢献できるのか、会社や上司の目線で考える**ことが重要です。そのためにも、相手の話をしっかり聞くことが大切です。

この場合、イエス・ノーで答えられる質問ではなく、自由形式の質問をするように心掛けましょう。詳細な回答をもらうことで、相手が自分に求める優先順位を把握しやすくなります。

(3)「利害」と「立場」を分ける

「利害」とは、各当事者の根本的なニーズや願望を指します。一方の「立場」とは、具体的な要求や提案を指します。**立場よりも利害に焦点を当てることで、より創造的でＷｉｎ－Ｗｉｎな解決策を導き出す**ことができます。

例えば、あなたがリスキリングを行い、より高度な業務に従事することになったとします。新たな業務に対応する給与を求めて交渉する場合、「立場」は「給与を上げてほしい」という要求になります。しかし「利害」を掘り下げると、「自分の新たなスキルや努力を評価してもらいたい」など、さまざまな可能性が考えられます。

一方、会社目線で考えると「立場」は「給与上昇によるコストの増加を抑えたい」という点が考えられます。それを「利害」で見ると「従業員の満足度を保ちつつ、会社の利益は維持したい」や「リスキリングに成功した優秀な人材を引き留めたい」といったものに転換できます。

このように、「立場」に焦点を当てると、給与の上昇とコストの抑制を強く求めることになるため、対立の溝が深まってしまう恐れがあります。しかし、双方の「利害」に焦点を当てて交渉を進めることができれば、パフォーマンスに基づく給与体系の導入や、福利厚生の充実といったような、双方が満足する落としどころを見つけることが可能になります。

（4）価値を創造する

両者にとって有益な解決策を見いだすことを目指します。交渉をうまく進めるには、共通の利益を特定して、複数の選択肢を検討し、優先順位や好みの違いを活用することが大事になります。

（5）柔軟で順応性を持つ。協調的な考え方を維持する

相手の反応を見ながら自分のやり方を調整し、必要に応じて提案を修正する準備をします。最初から自分の主張だけを通すのではなく、協調的な考え方を持ちましょう。前向き

な雰囲気を維持することで、交渉もうまくいきやすくなります。

(6) 立ち去るタイミングを知る

これが意外と重要なのですが、交渉が膠着状態に陥った場合、提示された代替案が自分の提案よりも有利なのか不利なのかについて、適切に見極めなくてはなりません。明らかに自分の要求にそぐわない場合は、交渉を諦めて立ち去る準備をすることも必要でしょう。

(7) クロージングとフォローアップ

交渉が合意に達したら条件を明文化しましょう。日本の企業ではこの部分を適当に済ませることもありますが、合意内容を明確にする必要があります。そして、その合意がしっかり実施されるようにフォローアップします。

リスキリングは交渉の大義名分になる

米国をはじめとする諸外国でリスキリングが盛んなのは、言うまでもなくリスキリングが交渉のカードに使えるからです。米国では、勤務年数によって給与が決まるということはありません（最近は日本でも、年次によって一律の給料という企業は少なくなっているようですが）。そのため、リスキリングを行うことで給与アップの大義名分をつくるのです。

この本で **「4年に1度はリスキリングが必要だ」** と強くお伝えしているのは、自分が持っているスキルを常にアップデートすることが大切なだけではなく、それをしなければ昇給や昇進のチャンスをつくれないという社会的な背景もあるからです。

日本社会も終身雇用や定期昇給モデルからの脱却が進んでいます。今後は年功序列での昇給や昇進に期待するのではなく、自らが希望するタイミングに向け、年単位で交渉の材料を仕込むべきだと考えましょう。その交渉材料という点において、リスキリングは客観的で強力な指標になります。

【第7章の参考資料】

1: **Leveraging Relationships and Scaling Yourself**(Sheryl Sandberg)
https://ecorner.stanford.edu/videos/leveraging-relationships-and-scaling-yourself/

2: **Commitment and Behavior Change: Evidence from the Field**(Katie Baca-Motes, Amber Brown, Ayelet Gneezy, Elizabeth A. Keenan, Leif D. Nelson Published:03 July 2012)
https://academic.oup.com/jcr/article-abstract/39/5/1070/1794934?redirectedFrom=fulltext

3: **交渉術の参考書籍**

『**望み通りの返事を引き出す ドイツ式交渉術**』(早川書房)
https://www.amazon.co.jp/exec/obidos/ASIN/4152098848/presidentjp-22

『**ウォートン流 人生のすべてにおいてもっとトクをする新しい交渉術**』(集英社)
https://www.amazon.co.jp/exec/obidos/ASIN/408773479X/condenetjp-22/

『**ハーバード×MIT流　世界最強の交渉術---信頼関係を壊さずに最大の成果を得る6原則**』(ダイヤモンド社)
https://www.amazon.co.jp/dp/4478027501/

『**ハーバード流交渉術**』(知的生きかた文庫)
https://www.amazon.co.jp/dp/4837903606

第8章

リスキリングステップ⑥

『＋A』
Associative Thinking
ドメインとスパイクを統合する

LEARN+A

異なるスキルの統合に必要なイノベーターの「5大スキル」

これまで説明してきたように、ＡＩ時代に目指すべき「π型人材2・0」とは、もともと持っていたドメインスキルと新しくリスキリングで身に付けたスパイクスキルを統合し、働く環境や時代の流れに応じてドメインとスパイクを交互に変換したり、スパイクを強く育ててドメイン化し、また新たなスパイクスキルを習得したり……といった、**自身の成長と変革のサイクルを回し続けることができる人材**です。

このドメインスキルとスパイクスキルに対し、横軸として1本通すのが「マスタースキル」です。**「関連づける力」**や**「統合力」**と捉えてもいいでしょう。本書ではこうした考え方を**「Associative Thinking＝連想思考」**と呼んでいます。もうおわかりだと思いますが、π型人材の「π」の文字で考えると、マスタースキルはドメインスキルとスパイクスキルという2本の脚の上に架かった、橋の役割を果たすような横棒になります。

第2章でクレイトン・クリステンセン教授らの著書『イノベーションのＤＮＡ』（翔泳社）を例に、異なる知識や分野、異なる技術の点と点を結ぶことがイノベーションにつな

図8-1　π型人材のマスタースキル

ドメインスキルとスパイクスキルを統合する横棒が「マスタースキル」

がるという話をしました。キャリアにおける人間のスキルも同様で、ドメインスキルとスパイクスキル、それぞれ異なるスキルをマスタースキルによって統合することで、他の人とは異なるアウトプットが可能になり、変革しながら成長を繰り返す「π型人材2・0」としての力を発揮します。

同書の中でクリステンセン教授らは、**イノベーターには共通して「発見力」があり、その発見力を大きく「5つのスキル」に分解して紹介して**います。

① **関連づける力（本書では連想力）**
② **質問力**
③ **観察力**

④ **人脈力（本書ではネットワーク力）**

⑤ **実験力**

この章では、イノベーターが備えているこれら「5大スキル」をベースにしながら、マスタースキルを養うために、なぜこれらのスキルが大切なのかについて解説します。

みなさんは、リスキリングとイノベーションがどう関係するのかと思うかもしれません。しかし、イノベーションもリスキリングも、**異なる知識や知見、情報を統合力によって掛け合わせ、今まで存在しなかった新しい何かをつくり出す**という意味では根本は同じです。リスキリングで手に入れた新しいスパイクスキルを、どのようなスキルによってドメインスキルと統合すればいいのか。そのカギを握るマスタースキルとは一体何なのか。それは、イノベーターに求められる5大スキルを知ることで理解が深まります。

そして本章の後半では、マスタースキルをより効果的に習得するのに適した、**「いろんな色の帽子をかぶる（＝越境）」**ことについても解説します。

マスタースキルを養う① 今までと全く違う何かで「連想力」を磨く

イノベーターが備える５大スキルのうち、クリステンセン教授らは①の**「関連づける力」こそが、革新的アイデアを生み出す柱**だと述べています。これは、**一見無関係に見えるもの（質問、問題、概念など）との間に、つながりを持たせる力**を指します。

今の時代、ゼロから全く新しいアイデアを思いつくことなどほとんどありません。むしろ既存のアイデアを何か別の方法で関連づけることが重要といわれます。あのスティーブ・ジョブズ氏でさえ**「クリエイティビティーとは物事をつなぐこと」**と述べています。

たとえ話がうまい人は、この関連づける力、すなわち**「連想力」**が強いと感じます。よく「エレベーターピッチが重要」といわれます。エレベーターピッチとは、エレベーターが１階から目的階に到達するまでの数十秒くらいの間に、話の骨子を端的に伝えることです。例えば新規事業のアイデアを「レストラン業界に特化したＵｂｅｒ（ウーバー）」や「美容系の情報を中心としたフェイスブック（現メタ）のようなＳＮＳ」などと説明できたら、イメージがすぐ相手に伝わるでしょう。このように既存のものをつなげて物事を上手に伝えられる連想力は、ドメインスキルとスパイクスキルを関連づける力に通じます。

　では、この連想力を高めるためにはどうすればいいのでしょうか。連想力の仕組みを理解するためには、脳の働きを理解することが重要です。人間の脳は辞書のように単語を記憶しているわけではありません。例えば「演劇」という言葉を記憶する場合、自分が生きてきた中で経験したさまざまな出来事と結び付けて「演劇」を記憶しているのだそうです。自分が観劇した演劇のタイトルと結び付いていることもあれば、小学生のときに学芸会で演じた役柄や、そのときに感じた不安のような感情と結び付いていることもあります。

　そのような経験や知識が豊富であればあるほど、脳はより多くの情報のつながりをつくり、記憶として定着させるといわれています。つまり連想力が強化されるのです。この章の後半で説明する「越境」が重要なのは、連想を促す経験や知識が得やすくなるからです。

　ちなみに、起業家で『アイデアは交差点から生まれる』（CCCメディアハウス）の著者でもあるフランス・ヨハンソン氏は、この連想力によってもたらされる効果を「メディチ効果」と呼んでいます。メディチ家とは、ルネサンス期のイタリア・フィレンツェで、彫刻家、科学者、詩人、哲学者、画家、建築家などさまざまな分野の人々を集め、創作活動を支援した名家です。あのレオナルド・ダ・ヴィンチやミケランジェロのパトロンだったことでも知られており、新しい芸術作品やアイデアの誕生を後押ししました。

リスキリングも「今までと全く違う何か」を習得するのが一番効果的といわれています。米ミシガン州ロチェスターのオークランド大学工学科教授のバーバラ・オークレー氏らが書いた『Learning How to Learn』（邦題『学ぶ力を強くする～ガリ勉しないで成績をあげる脳の使い方』／ヤマハミュージックエンタテイメントホールディングス）によると、例えばゲーム開発のプロとして活躍している人が、全く異なる領域の何か（例えば油絵を描く、フィンランド語を学ぶ、ジャグリングを学ぶなど）を行うことで、ゲーム開発というメインのスキルの上達につながるといいます。新たな領域のスキルが自分のドメインスキル領域の知識や発想で染まっていた脳の働き方に、刺激を与えるのです。

　このやり方を、オークレー氏らはＲｕｔ Ｔｈｉｎｋ（型にハマった、マンネリ化した考え方）から抜け出す方法として提唱しています。新しい領域の知識やスキルを習得すると、脳はドメインスキルとどう関連づけるかを考えます（それをトランスファーリンクをつくるといいます）。これを繰り返すことで、脳は新しいスキルや知識を早く吸収できるようになります。つまり、**新しいことを学べば学ぶほど、関連づけるのがのが早く、うまくなり、学びのプロ（リスキリングのプロ）になれる**のです。

マスタースキルを養う②
「質問力」は本質を見抜く力に他ならない

カナダのトロント大学ロットマン・スクール・オブ・マネジメントの学長だったロジャー・マーティン氏は、著書『The Opposable Mind』（邦題『インテグレーティブ・シンキング：優れた意思決定の秘密』／日本経済新聞出版社）の中で、驚異的な成功を収めた人たちは「相反する考えを並立させ、対比させ、検討する能力」を持っていると書いています。

そして、彼らは「真っ向から対立する二つの選択肢しかないように見えるときでも、途方に暮れて思考停止に陥ることなく、また安易に二者択一に走ることなく、両者のせめぎ合いの中から、どちらをも上回る新しい解決策を練り上げる」と説明し、こうしたプロセスを「統合思考」と呼んでいます。このように矛盾や対立が生じた際に、**優れた統合へと導くために必要なのが、課題の本質をとことん問い詰める「質問力」**です。一見関連のなさそうな異なるスキル同士を統合し、新しい自分の力へと昇華させるマスタースキルを育む上でも、質問力は重要だといえるでしょう。

優れた統合のために必要な質問力にとって、欠かせない問いは以下の3つです。

① Why?(なぜそうなのか)
② Why not?(なぜそうじゃないのか)
③ What if?(もしそうだとしたら)

例えば、米デル・テクノロジーズのマイケル・デルＣＥＯは、「なぜコンピューターの値段は部品の合計額の５倍もするのか」という疑問から、デルコンピュータを創業したといわれています。パソコンを分解してみた彼は、「６００ドルの部品が３０００ドルで売られているのはなぜか？（Ｗｈｙ？）」「もっと安く売ることができないのだろうか？（Ｗｈｙ ｎｏｔ？）」「もし、安く売れるとしたらどうすればいいか？（Ｗｈａｔ ｉｆ？）」と質問を繰り返すことで、パソコンの直販という画期的なビジネスモデルに行き着きました。このように質問を重ねることは統合を生み出し、ひいては新しい価値を創造します。

私がグーグルで勤務していたときも、この質問力の重要性を思い知らされました。例えば、グーグルでは「普段よく使っているアプリは何？」と聞かれ、それに答えたら間髪入れず、「そのアプリに対して、使いにくい点や改善したい点を５つ挙げるとしたら？」「そのアプリの気に入っている点を５つ挙げるとしたら？」と聞かれます。グーグルではこのように質問を重ねることで、プロダクト開発に欠かせないユーザー思考を身に付けさせていたのです。

ちなみにこの質問力は、子どものときほど強く発揮されます。というのも子どもは質問を通して必要な情報を収集しなくてはならず、質問の有効性をよく知っているからです。さまざまな論文において、子どもは質問したり探検したりするのに指導を必要としないことも明らかになっています。そして観察研究によると、子どもは1時間に１００個以上の質問ができるそうです。

余談ですが、現代の子どもたちは、さらに質問力が必要かもしれません。子どもたちは、インターネットに接続されたデバイスに囲まれて育っています。２０１８年には、１人当たり8台以上のデバイスを使っているという報告もあります。アプリで検索するにも、スマートスピーカーを使いこなすにも、質問力が不可欠になっています。チャットＧＰＴ全盛のＡＩ時代には、さらに質問力が重要になるでしょう。生成ＡＩに最適な回答を出力してもらうために必要なプロンプトエンジニアリングは、まさに質問力そのものといえます。

リスキリングでチャットＧＰＴを活用する人は多くいると思います。プログラミングを学ぶ際にも、チャットＧＰＴは頼りになるＡＩ家庭教師になるでしょう。しかし、学習しているプログラミング言語の全体像を理解しないまま、末端の質問だけを繰り返していても、効果的な学習はできません。全体像を理解する知識があってこそ、チャットＧＰＴに的確な質問をできるようになるのです。

チャットＧＰＴなどの生成ＡＩは、目的意識を持たないまま使うと、あっという間に時間がすぎてしまいます。いわゆる「沼にハマる」現象に陥りやすいツールです。そのような無駄な時間を使わないためにも、質問力を鍛えることが大事でしょう。

また、**ビジネスの現場では、質問力は正解を知っていることよりもはるかに大事**だと私は考えています。**質問力がある人には、本質を見抜く力がある**からです。

ニューラルネットワークという学問領域も、「コンピューターサイエンスという学問に、脳科学という学問を掛け合わせて、人間の脳のような構造をコンピューターで再現できるようになったらどうなるか」という質問から生まれた学問です。

「ディープラーニングのゴッドファーザー」として知られるカナダのトロント大学のジェフリー・ヒントン名誉教授は、大学では実験心理学で学士を取得し、ＡＩで博士号を取っています。異なる２つの領域を掛け合わせることができたのは、非常に優れた連想力や質問力があったからだと推察できます。ヒントン教授とともに、コンピューター科学のノーベル賞といわれる「チューリング賞」を受賞した、ＡＩ研究の第一人者でカナダのモントリオール大学に所属するヨシュア・ベンジオ教授も、講演などを聞くと脳科学の研究内容に基づく発想が多いことに気がつきます。

そう考えると、**質問力のある人とは、正解が何かにとらわれないクリエイティビティーを持っている人**ともいえます。だからこそ、掛け算の効果がフルに発揮できるのです。

リスキリングで学ぶスキルを選定する際にも同じことがいえます。例えば、自分のドメインスキルである営業という職種経験や勤務で得た業界知識に、コンピューターサイエンスや法律知識、ＳＤＧｓ、マネジメント力を掛け合わせたら何ができるだろうか。その結果、どんな付加価値を、社会や企業に対して提供できるようになるだろうか。そのような質問を繰り返していくと、選択肢は広がります。

何を掛け合わせるかはあなたの自由な連想次第で、クリエイティブに考えて構いません。**掛け算の結果、どんな人材になれるのか。その出発点はこの「質問力」にある**と言っても過言ではありません。イノベーションで重要視される質問力が、リスキリングにおけるドメインスキルとスパイクスキルを統合するマスタースキルを育む上で、いかに大事かがわかっていただけたかと思います。

マスタースキルを養う③ 「観察力」でビジネスニーズをつかむ

マスタースキルを養うのに大切な３つ目の要素は**「観察力」**です。例えば、インドの大手財閥タタ・グループの創業家ラタン・タタ氏は、４人家族が1台の電動スクーターに乗る様子を観察して、小型自動車「ナノ」を開発しました。２００９年のナノ発売当時の価格は、当時のレートで22万円程度。「世界で最も安いクルマ」として注目を浴びました。

また、クリステンセン教授らが観察力を発揮して生み出したのが「ジョブ理論」です。そのきっかけとして知られているのが、「あるファストフードチェーンのミルクシェイクをもっと売るにはどうすればいいか」というコンサルティング案件です。

クリステンセン教授らが書いた『ジョブ理論 イノベーションを予測可能にする消費のメカニズム』（ハーパーコリンズ・ジャパン）によると、コンサルティングの仕事を受けた教授らは、実際に朝から店頭に18時間立って、お客がなぜミルクシェイクを買うのかをよく観察したそうです。そこでわかったのは、午前9時前にひとりでやってくるお客に、ミルクシェイクが驚くほど売れていたという事実でした。さらにお客は、単にミルクシェイクがおいしくて飲んでいるのではなかった、ということがわかったのです。
では、朝からミルクシェイクを飲む人は、どんな目的（ジョブ）でミルクシェイクを買っていたのでしょうか。実はミルクシェイクを買う人たちは、クルマで通勤している人が多かったそうです。そういう人たちは、運転中手が汚れるようなドーナツは食べにくいと考えます。また、バナナのようなものはすぐに食べ終わってしまいます。そこでは、手が汚れず、すぐに食べ終わって退屈してしまわず、朝食代わりになって腹持ちが良いという、3つの「ジョブ」を満たす商品が求められていたのです。そして、この3つのジョブを満たしていたミルクシェイクが、「雇用」されたのだとクリステンセン教授らは考えました。

顧客のカスタマージャーニーの中で「ジョブ」が生まれ、そのジョブを満たす解決策が「雇用」され、満たさない商品は「解雇」される。こうした考え方が「ジョブ理論」です。これらは、従来の年齢や性別で傾向を調べるマーケティングリサーチでは、絶対にわからなかったインサイトだったとクリステンセン教授らは述べています。

こうしたエピソードからもわかるように、過去の知識や思い込み、まさしくRut Thinkにとらわれた色眼鏡で観察していると本質は見えません。大事な情報は簡単には手に入りません。**観察力を鍛えるためには、色眼鏡を外した状態で、現場や顧客の様子を見に行く**

必要があるでしょう。ここで紹介した２つの事例は、フラットな状態で現場をつぶさに観察することで、市場のニーズが見えることを示唆しています。

では、なぜこの観察力が、ドメインスキルとスパイクスキルを統合するマスタースキルの養成に大切なのでしょうか。

前述の質問力にもつながりますが、スパイクスキルを選定する上で、さらにスパイクスキルを習得した後、自分を市場でどう売り出すかを考える際に役立つ力だからです。現場に赴き、そこにどんなビジネスニーズがあるかを調べるとき、観察力がものをいいます。

例えば第４章、第５章で紹介したＢさんのように、システム開発をやっていた人がデータビジュアライゼーションを学んで、データビジュアライゼーションエンジニアになるという連想は、データビジュアライゼーションという仕事に対するニーズが高まっているかどうかを観察して、その状況を理解できるかどうかにかかっています。

チャットＧＰＴを使って、スキル同士の掛け算や統合したアイデアを生み出すのもひとつの手です。しかしそれだけではなく、周りの同僚や友人との会話、ニュースや本などから得る情報など、さまざまな場所にアンテナを張って観察を続けることで、自分のマスタースキルを磨くことができるのです。

マスタースキルを養う④ 「ネットワーク力」で広げる知識の幅

ここでいう**「ネットワーク力」**は、自分を売り込むための人脈やキャリアアップのためのネットワークづくりとは違います。「π型人材２・０」に必要な、**自分の知識領域を広げるために、分野の異なる人の話を聞きに行ったり、いろんなアイデアを持つ人に会いに行ったりする**ような力を指します。さまざまなアイデア会議に参加したり、視聴したりするのも、ネットワーク力のひとつです。ＴＥＤ、ダボス会議、アスペン・アイデア・フェスティバルのような会議には、世界中からアーティスト、起業家、学者、政治家、冒険家、科学者、思想家が集まります。そこで最新のアイデアやプロジェクトを発表するのです。

例えば、カナダのブラックベリーの創業者マイケル・ラザリディス氏は、スマートフォン「ＢｌａｃｋＢｅｒｒｙ（ブラックベリー）」の着想が生まれたのは、１９８７年のカンファレンスだったと話しています。ある講演者が、コーラのために設計したワイヤレスデータシステムについて説明しているのを聞いたラザリディス氏は、「ワイヤレス技術とコンピューターを一緒にすることが大きな変化をもたらす」と考えたそうです。

米国の航空会社、ジェットブルーの創業者デビッド・ニールマン氏は、会議やその他の場所でのネットワーキングを通じて、さまざまなアイデアを思いついたそうです。それは、全ての座席で衛星テレビを見られるようにしたり、アットホームな予約担当者を配置したりといったことでした。

連想力のパートで説明したように、**異なる分野の情報や知識に触れることで、ドメインスキルとそれらをつなげるトランスファーリンクが脳内につくられます。**その方法のひとつとして、異分野の人とつながる力、ネットワーク力が重要なのです。

人脈についても、ビジネスにつながるからという動機だけで構築するのではなく、ピュアな好奇心や連想力、質問力などをフルに生かしながらネットワーク化していくことが大事です。その過程でアンラーンすることができますし、視野も広がります。結果的に、リスキリングで大切なドメインスキルとスパイクスキルを統合する力が養われるのです。

また、リスキリングにおける学習効率の面でも、ネットワークを持っているかどうかで大きな差が生まれます。チャットGPTなど気軽に相談できるAIが学習パートナーになる時代になったとはいえ、頼りになる教師やアドバイザー、情報共有して励まし合える仲間は、決して置き換えが利きません。人とつながるネットワーク力は、リスキリングにおいて一番大事なリソースかもしれません。

マスタースキルを養う⑤

「実験力」で自分に新たな体験を促す

米アマゾン・ドット・コムの創業者ジェフ・ベゾス氏が幼児期にベビーベッドを分解したことや、スティーブ・ジョブズ氏がソニーの「ウォークマン」を分解した話などは、よく知られています。物理的な分解でなくても、米スターバックスの中興の祖ハワード・シュルツ氏がイタリアでコーヒーバーを巡ったことなども、ある意味「実験」でしょう。新しい発想をする人たちは、何らかの方法で積極的に実験を行っているといえます。

引っ越しや転職、副業といった、新しい場所で新しい体験をすることも「実験」のひとつと考えられます。先のクリステンセン教授らの論文によると、多くの国で暮らした経験がある人ほど、その経験を生かして革新的な製品、プロセス、ビジネスを提供できる可能性が高いそうです。また、経営者がＣＥＯになる前に一度でも海外勤務を経験すると、そうした経験のないＣＥＯの会社よりも業績を上げ、市場パフォーマンスが平均で約７％高くなるといいます。

米国の辞書で実験を指す「Ｅｘｐｅｒｉｍｅｎｔ」を調べると、次のように書かれています。

> 未知の効果または法則を発見するため、仮説を検証または立証するため、または既知の法則を説明するために、制御された条件下で実施される操作または手順。

実験の本質は、科学的思考をベースとした仮説検証や観察といった一連の流れを指します。ウェブサイトのデザインを考えているときに、バナーの色をオレンジにするか青にするかで、どちらのほうがクリック率が高くなるかを検証するためのABテストも実験です。

実験を従業員に推奨する「実験カルチャー」を、徹底して社内でつくっているのが米ネットフリックスです。同社では内容にかかわらず、従業員が独自に実験をすること、あるいは失敗することを推奨しています。具体的には、**「うまくいったら祝う。失敗したら光を当てる」**といった、失敗を容認する組織体制が根づいているのです。

ネットフリックスでは、たとえ上司の賛同がない実験に失敗した場合でも、人事評価がマイナスになることはありません。その代わり、失敗した本人に「なぜ失敗したのか」について具体的に分析したメモを公開させるといいます。従業員たちは失敗したプロジェクトの分析メモをいつも目にすることで、自分自身も失敗を恐れず、積極的にリスクを取って新しいプロジェクトが始められるようになるのです。

この「失敗が当たり前」という企業風土が、イノベーションを生みやすい環境につながっているのです。

さらにいうと、この実験力を養成するためには、実験をする過程（仮説構築、条件設定、実験実行、結果分析、観察、推論など）で、マスタースキルをフル回転させる必要があります。ですから、おのずと統合力が養われます。とりわけ、仮説構築の段階では、ひとつの前提条件や自分が知り尽くした業界の知識だけを基準に考えていては、良い仮説など浮かびません。

先ほどのジョブ理論の話で考えてみましょう。クリステンセン教授らがファストフードチェーンでミルクシェイクを買うお客を実際に観察し、「すみません、ちょっと教えてください……」と彼らの生の声を引き出した結果から、「クルマで通勤中の暇つぶしのために必要なアイテムが、ミルクシェイクなのではないか」という仮説に到達できたのは、紛れもなく実験思考があったからです。

このように、**より良い実験をデザインして実行するには、今まで培ってきたドメインスキルやスパイクスキルを掛け合わせる**必要があります。多くのイノベーターが備えている実験力は、リスキリングにおける掛け合わせの仮説構築や効果検証などにおいても、とても大事な要素であるといえるでしょう。

リスキリングではその最中に、自分がしっかり学ぶべきことを学んでいるか、アウトプットできているか、会社や周りの取引先などに学びの結果を見せることができているか、活用できているかといった、「学習のＰＤＣＡ」を自身で行い、必要ならば軌道修正を図る姿勢が大切です。

自分の学習方法や効率を検証しながら、キープすべきことはキープし、変更すべきところは柔軟に変更していく。とくに数年単位で行うリスキリングの場合、途中で効果検証をしながら自分と自分の学習を見つめ直す、内省化するクセを付けることは大事だと思います。そのためにも、実験的思考は学びの効率化に欠かせないスキルではないでしょうか。

「いろんな色の帽子」をかぶる

ここまでマスタースキル（統合力）を養うのに重要なスキルとして、イノベーターに不可欠な5大スキルを参考に考察してきました。ここからは、ビジネスの現場において、より実践的に統合力を習得するために効果的な方法を紹介します。

マスタースキルに必要な「連想力」「質問力」「観察力」「ネットワーク力」「実験力」という5つの力を伸ばすための一番の近道は、**「いろんな色の帽子をかぶる」**ことです。この「帽子をかぶる」という表現は、もともとマルタの医師で心理学者のエドワード・デ・ボーノ博士が提唱した『Six Thinking Hats』（邦題『6つの帽子思考法 ――視点を変えると会議も変わる』／パンローリング）に由来します。これは、6つの帽子を使って、**クリエイティブな思考と新しいアイデアを生み出す方法**を伝授したものです。

6つの帽子思考法のトレーニングでは、ミーティング中に指示されてかぶる帽子の色によって、次のような視点を重視して発言をするようにします。

・白（＝中立性・事実とデータを重視する）

- **赤（＝感情・直感的な視点を重視する）**
- **黒（＝警戒心・弱点への視点を重視する）**
- **黄（＝積極性・楽観的、肯定的視点を重視する）**
- **緑（＝想像力・新しい考え方や視点を重視する）**
- **青（＝冷静・全体を見渡す俯《ふ》瞰《かん》性を重視する）**

帽子の色を決められることで、普段の自分では思いつかないような発言が促され、新しい発想を見つけやすくなります。

マスタースキルを育てるためにも、このように「いろんな色の帽子をかぶる」ことが大事になります。つまり、**自分とは違う立場の視点や思考を手に入れる**ように意識するというわけです。

人は自分が今いる環境に慣れやすく、気づくと自由な発想ができなくなってしまいがちです。とくに大企業で長年同じ色の帽子をかぶってきた人は、違う視点を手に入れる機会が少なくなっているかもしれません。

では、違う帽子をかぶるためには、どのような経験をすればいいのでしょうか。

「越境」でマスタースキルを手に入れる

早稲田大学ビジネススクールの入山章栄教授は、著書『世界の経営学者はいま何を考えているのか』（英治出版）の中で、**「知の探索（Exploration）」と「知の深化（Exploitation）」**という概念を紹介しています。「知の探索」とは、知の範囲を広げるため、内容的、地理的、時間的に遠いところから得た知を、今持っている知と組み合わせることを指します。一方、「知の深化」とは、すでに持っている分野の知に対して改良を重ねながら、継続して深めていくことを指します。

この考え方は企業経営に関するものですが、個人が「いろんな色の帽子をかぶる」際にも参考にできる点があります。ここで**重要なのは「遠いところから知を得る」こと**です。そして、遠い場所にある知を組み合わせる経験は、５大スキルを養う上で非常に効果的で、ひいてはマスタースキルを磨くための優れた方法だといえます。

例えば次のような経験は、遠いところから知を得るために、いろんな色の帽子をかぶることにつながります。

①　起業、独立、転職、副業（違う視点を手に入れる）
②　留学、海外赴任、海外旅行、転勤、引っ越し（違う土地に身を置く）
③　（大企業ではなく）小規模、中小規模の会社で働く
④　異動、移籍して異なる部署のやり方を経験する

これらの経験は、言い換えれば**今いる場所からの「越境」**に当たります。業界を変えるとか、住む土地を変えるとか、役職を変えるとか、とにかく何かを越境することで、マスタースキルを育てやすくなります。

①の起業、独立、転職は、多くの人にとってはハードルが高いかもしれませんが、副業であれば挑戦できる人もいるのではないでしょうか。最近は、副業を解禁する企業も増えてきました。副収入を得るためだけではなく、自身の「π」の横軸を鍛えるためにも、別の会社で働くのは良い経験になると思います。

②の留学、海外赴任、海外旅行、転勤、引っ越し、中でも、留学や海外赴任は文字通りの越境でインパクトが大きいでしょう。先ほど、海外で働いた経験があるCEOほど画期的なビジネスを考えるといった研究結果を紹介しました。言語や文化の違いに触れること

で、さまざまな色の帽子をかぶる総合体験が可能となります。海外に行かないまでも、転勤や引っ越しの経験なども、マスタースキルを伸ばす機会になるでしょう。

③はそもそも論ですが、スタートアップやベンチャー企業など小規模の会社で働いたほうが、いろんな帽子をかぶる機会が増えます。小さな組織では、ひとりの人間がさまざまな役割を担わなくてはならないからです。大企業に比べて幅広い経験が積めるでしょう。大企業から出向して中小規模の子会社で勤務するのも、これに当たるかもしれません。換言すると、**スタートアップなど小さな組織で働いている人、その経営者はリスキリングのプロになる必要があるということ。事業戦略や優先順位が目まぐるしく変わる企業において、経営者や従業員は常にリスキリングをして環境の変化に適応する必要がある**のです。

第1章でも紹介したローンディールというスタートアップは、大企業の従業員をベンチャー企業に1年間レンタル移籍させる事業を展開しています。これまで大企業で専門の仕事をこなし、ひとつの帽子しかかぶってこなかった人にとっては、このレンタル移籍が大きな刺激になるそうです。数万人の会社から数十人の会社に移籍する経験をした従業員は、元の大企業に戻ってからも、従来にない発想の新規事業の開発や、人と人をつなぐ、部署と部署をつなぐといった「統合」ができる人材になるケースが多いのだということです。

少し話は変わりますが、「新卒の際に、どのような会社で働けばよいですか？」といった質問を受けることがあります。新卒から起業したり、スタートアップのような環境で働いたりするのは難しい。できれば大企業で働きたいという場合は、私は事業会社をおすすめします。事業会社であれば、モノやサービスをつくって売るという主体的なビジネスをしているので、会社に対する自分の貢献と向き合う環境に置かれるからです。事業会社の中で、営業でも製造でもマーケティングでも担当すれば、モノやサービスを売ることに対する当事者意識が高くなりますし、自分の価値を考えざるを得なくなるでしょう。

もちろん事業会社以外でも構いませんが、私なら、まずは事業会社で業界知識や職種のドメインスキルをつくると思います。その後、事業会社以外の、例えばプロフェッショナルファームでのコンサルティングといったスパイクスキルを身に付ける道を選ぶでしょう。

④の異動、移籍して異なる部署のやり方を学ぶことも、いろんな色の帽子をかぶる経験になります。例えば書籍の編集者を希望しても、最初は必ず営業を経験させるという出版社の話を聞いたことがあります。その後編集者になってヒットを飛ばすと、「あのときの営業の経験が生きた」と話す人が多いのだそうです。双方の経験をすることで、統合力を身に付けやすくなるのでしょう。

学びを自分の言葉で語る

マスタースキルである統合力をいち早く身に付けたい人は、ドメインスキルとスパイクスキルを結び付けながら、自分の言葉で語る訓練をするといいでしょう。具体的には、自身のブログやポッドキャストなどで発信をするのがよいと思います。その際はチャットGPTを使わず、自分の頭を使い、2つのスキルを結び付けて言葉を紡ぐことが重要です。

米国では有名企業のCEOやCTO（最高技術責任者）が、ブログで自身の思考を発信したり、ポッドキャストで発言したりするのが当たり前になっています。これには、スピーディーに自分の考えをアウトプットすることで、投資家やユーザーにインパクトを与えるといった目的もあります。しかし、やはり言葉にすることで、自分の思考が深まる効用を経営者たちが知っているからだと感じます。

これまで何度も、リスキリングに重要なのはインプットではなくアウトプットであると伝えてきましたが、マスタースキルを養うためにも、アウトプットが重要であることに変わりはありません。日々の業務の中でもアウトプットの機会を増やすことで、リスキリングの効果を実感できると思います。

【第8章の参考資料】

1: The Innovator's DNA(Harvard Business Review)
https://hbr.org/2009/12/the-innovators-dna

2: Steve Jobs: The Next Insanely Great Thing(WIRED)
https://www.wired.com/1996/02/jobs-2/

3: Supporting Early Scientific Thinking Through Curiosity
https://www.ncbi.nlm.nih.gov/pmc/articles/PMC7419578/

4: THE smart audio REPORT(accessed February 23, 2020.)
https://www.nationalpublicmedia.com/uploads/2019/10/The_Smart_Audio_Report_Spring_2019.pdf

5: 『イノベーションのDNA［新版］ 破壊的イノベータの5つのスキル』(翔泳社)
https://www.amazon.co.jp/dp/4798167479/

6: 「Experiment」の検索結果(Merriam Websterにて)
https://www.merriam-webster.com/dictionary/experiment

7: 『NO RULES: 世界一「自由」な会社、NETFLIX』(日経BP日本経済新聞出版本部)
https://www.amazon.co.jp/dp/4532323673/

おわりに

私の好きな言葉に「人生はマルコフ過程」というものがあります。これは、私が尊敬する連続起業家のひとりである千本倖生さんが、著書『あなたは人生をどう歩むか』（中央公論新社）で紹介していた言葉です。千本さんは、日本電信電話公社（現ＮＴＴ）を40歳で飛び出し、京セラの稲盛和夫さんらと第二電電（現ＫＤＤＩ）を創業。その後もイー・アクセスやイー・モバイルを創業された起業家です。

マルコフ過程とは、ロシア人数学者のアンドレイ・マルコフ氏にちなんで命名された確率論の考え方のひとつで、「未来の挙動や将来の運命は現在の状態や値だけで決定され、過去の挙動とは無関係である」というものです。

例えば、昨日の天気が雨、今日の天気が晴れだったとき、明日の天気がどうなるかを決めるのは今日の天気だけであって、昨日の天気は関係ない、と考えるのがマルコフ過程です。ゴルフなども、各ホールでプレーする順番は直前のホールの成績順であり、３ホール前に良い成績を出したとしても関係ないという意味ではマルコフ過程です。囲碁やチェス、将棋も、目の前の盤面が次の打ち手を決めるという意味でマルコフ過程です。

そして、世の中の事柄はおおよそマルコフ過程で考えたほうがよいというのが「人生はマルコフ過程」の意味です。

現在、何らかの能力があり、新しい何かへ挑戦しようとする意欲があるなら、一定程度の成功確率で達成できると「信じる」こと。まさに、今自分が持っているいろいろな知識やリソース、スキルや意欲が将来を左右するのであり、「新卒で優良な大企業に入った」「出世街道をひたすら走って部長になった」といった、過去の実績にとらわれないことが大事だと千本さんは言っています。そして、そのように考えることで「保守的な心の壁」を崩すことができると伝えています。

逆に、過去の失敗や挫折を理由に「あのときできなかったから」、または経験値のなさを理由に「やったことがないから」と考えて、今新しい何かに挑戦するのをやめるのは意味がないこともわかります。

マルコフ過程の良いところは、**未来の決断をするために必要な材料は「今」という現在地に全てそろっている**、ということだと思います。もちろん、過去の自分の努力や縁、運、選択、周りの人の助けなどを積み重ね、それらの結晶として「今」という状態があるわけです。そうであるなら、「今」の自分から見える世界、想像できる世界、想像できないけれど挑戦してみたい世界、それだけを考えて次に進むべき道を決めればいいということです。リスキリングも同じで、リスキリングをした先に自分が思い描いている人生が待っているかどうかは、やってみないとわかりません。しかし、今の自分にその意欲や能力、チャンスや余裕があるのであれば、後はやるかやらないかを決めて、腹をくくるだけです。

私はこの本を書いていて、**リスキリングとは覚悟を決めること**だと感じていました。教養系の比較的簡単なリスキリングも、数年かけて取得する大学院や資格系のリスキリングも、「こういう自分になる」という覚悟を持って最後までやり抜くことができるかどうかが大切なのです。なんとなくの実験的リスキリングや、周りがやっているからという焦りからくるリスキリング、ちょっとかじってみようのお試しリスキリングも否定はしません。最初は小さくスタートするのも良いアイデアです。

しかし、**仕事の評価基準や人生の価値基準が１８０度変化し得るＡＩ時代には、主体性を持った人が生き残る**と私は考えています。チャットＧＰＴが出力できるような、賢く聞こえる回答を並べられるだけの人になるのではなく、目的意識を持って動ける人になれるかどうかが大事になるのではないでしょうか。東京大学大学院情報学環教授で、理化学研究所・革新知能統合研究センターチームリーダーの佐倉統さんも、チャットＧＰＴ時代は「他人任せの価値観でなんとなく生きてきた人は厳しくなる」と言っていましたが、リスキリングも「なんとなく」では効果がフルに発揮されないといえます。

今後も、チャットＧＰＴのような便利なＡＩツールはどんどん開発されていくことでしょう。それにより、私たちの仕事の仕方や業界のあり方、求められるスキルセットもどんどん変わっていきます。変化に敏感に賢く対応できる人とは、自分という太い「マスタースキル」を持ちながら、次々に「ドメインスキル」と「スパイクスキル」を習得して入れ替えられる、適応力と統合力を持ち合わせた人を意味するのだと思います。

私自身の話になりますが、実はこの本を書いているときは第３子を妊娠中でした。妊娠前期のつわりでつらい時期、横になることが多かったときに、何か横になりながらでもできることはないかと思い、また、出産後や中長期的な会社経営のゴールを考えた場合に必要なスキルをビルドアップしたいと考え、オンラインでリスキリングを開始しました。この本で紹介した「ＬＥＡＲＮ＋Ａ」のステップを実践しながら、戦略的に選んだリスキリングです。習得までに数年かかるプログラムなので、第３子が生まれた現在もリスキリングの真っ最中ですが、自分のペースでゴールに向かって一歩ずつ進んでいること、休みながらも継続できていることに充実感を得ています。そして、学習したことが、日々のさまざまな場面で即座に生かされることがあることを、早くも実感しています。

私自身がこの本を書きながらリスキリングをしたくなったように、ひとりでも多くの方がこの本を読んで「リスキリングやってみようかな」と思っていただけたらうれしいです。さらに思うだけでなく、その一歩を踏み出してもらえたら、著者としてこれ以上の喜びはありません。

この本を書くに当たり多くの方にお世話になりました。日経クロストレンドの酒井康治さんにはこの本を出版する機会をいただき、編集の観点からご協力いただきました。日経ＢＰシリコンバレー支局長の松元英樹さんには、私の連載「ダイバージェンス時代のＤＸ戦略」の編集を通して書籍化を支えていただきました。編集協力の佐藤友美さんにはタイトなスケジュールの中で私のオファーをお引き受けいただき、本の形になるまでご協力をいただきました。パロアルトインサイトの鈴木航生さん、関口美和さんにも出版までの過程でいろいろとお手伝いいただきました。また、リスキリングを成功させパロアルトインサイトでエンジニアとしてキャリアを歩み始めた高宮ゆりこさんには、ご自身の貴重な体験をお話しいただきました。ＣＴＯの長谷川貴久さんには、技術的な観点からアドバイスをいただきました。この場を借りて皆様に御礼を申し上げます。

そして、さまざまなことと両立しながらリスキリングをすることを応援してくれる私の大事な家族に、心より感謝の気持ちを送ります。

みなさんの未来が明るいものであることを願って。

２０２３年　８月　石角友愛

著者略歴

石角友愛 （いしずみ・ともえ）

パロアルトインサイトCEO／AIビジネスデザイナー

2010年にハーバード・ビジネス・スクールでMBAを取得した後、シリコンバレーのグーグル本社で多数のAI関連プロジェクトをシニアストラテジストとしてリード。その後HRテック・流通系AIベンチャーを経てパロアルトインサイトをシリコンバレーで起業。東急ホテルズ＆リゾーツのDXアドバイザーとして中長期DX戦略への助言を行うなど、多くの日本企業に対して最新のDX戦略提案からAI開発まで一貫したAI・DX支援を提供する。AI人材育成のためのコンテンツ開発なども手掛け、芝国際中学・高等学校に対しAI人材育成プログラム「AIと私」を提供。順天堂大学大学院医学研究科データサイエンス学科客員教授（AI企業戦略）および東京大学工学部アドバイザリー・ボード、京都府アート＆テクノロジー・ヴィレッジ事業クリエイターを務めるなど幅広く活動している。日経クロストレンド、毎日新聞、ITmediaなど大手メディアでの連載を持ち、DXの重要性を伝える毎週配信ポッドキャスト「Level 5」のMCや、NHKラジオ第1「マイあさ!」内「マイ!Biz」コーナーにレギュラー出演中。「報道ステーション」「NHKクローズアップ現代＋」などテレビ出演も多数。著書に『いまこそ知りたいDX戦略』『いまこそ知りたいAIビジネス』（ディスカヴァー・トゥエンティワン）、『“経験ゼロ”から始めるAI時代の新キャリアデザイン』（KADOKAWA）、『才能の見つけ方　天才の育て方』（文藝春秋）など多数。

・パロアルトインサイトHP：https://www.paloaltoinsight.com/
・実践型AI人材教育プログラム「AIと私」：https://www.aitowatashi.com/
・お問い合わせ、ご質問などはこちらまで：info@paloaltoinsight.com

AI時代を生き抜くということ
ChatGPTとリスキリング

2023年9月25日　第1版第1刷発行

著　者　石角友愛
発行者　佐藤央明
発　行　株式会社日経BP
発　売　株式会社日経BPマーケティング
〒105-8308　東京都港区虎ノ門4-3-12
編集協力　佐藤友美
編　集　酒井康治（日経クロストレンド）
装　丁　中川英祐（Tripleline）
制　作　關根和彦（QuomodoDESIGN）
印刷・製本　大日本印刷株式会社

ISBN　978-4-296-20325-3
Printed in Japan